车用柴油环境保护标准实用手册

贾 明 刘 嘉 著

中国环境出版集团 · 北京

图书在版编目 (CIP) 数据

车用柴油环境保护标准实用手册 / 贾明，刘嘉著 . —北京：中国环境出版集团，2023.10

ISBN 978-7-5111-5606-8

Ⅰ.①车… Ⅱ.①贾… ②刘… Ⅲ.①汽车燃料—柴油—标准—中国—手册 Ⅳ.① U473.1-65

中国国家版本馆 CIP 数据核字（2023）第 170898 号

出 版 人 武德凯
责任编辑 孙 莉
封面设计 宋 瑞

出版发行 中国环境出版集团
（100062 北京市东城区广渠门内大街 16 号）
网　　址：http://www.cesp.com.cn
电子邮箱：bjgl@cesp.com.cn
联系电话：010-67112765（编辑管理部）
010-67112736（第五分社）
发行热线：010-67125803，010-67113405（传真）

印　　刷 北京中献拓方科技发展有限公司
经　　销 各地新华书店
版　　次 2023 年 10 月第 1 版
印　　次 2023 年 10 月第 1 次印刷
开　　本 880 × 1230　1/32
印　　张 4.125
字　　数 88 千字
定　　价 25.00 元

编 委 会

主　　编： 贾　明　刘　嘉

编写人员： 贾　明　刘　嘉　祖　雷　赵海光
张诗海　马　遥　贾子豪　李　铁
朱仁成　皮晓超　王博文　倪　红
姚　鹏

前 言

当前，移动源污染问题日益凸显，已成为城市空气污染的重要来源。2017 年，我国对京津冀大气污染传输通道城市开展的细颗粒物（$PM_{2.5}$）来源解析结果表明，移动源对 $PM_{2.5}$ 的贡献率为 10%～50%。

《中国移动源环境管理年报（2021 年）》指出，2020 年，全国机动车四项污染物排放总量为 1 593.0 万吨。其中，一氧化碳（CO）、碳氢化合物（HC）、氮氧化物（NO_x）、颗粒物（PM）排放量分别为 769.7 万吨、190.2 万吨、626.3 万吨、6.8 万吨。汽车是污染物排放总量的主要贡献者，其排放的 CO、HC、NO_x 和 PM 占比超过 90%。柴油车的 NO_x 排放量超过汽车排放总量的 80%，PM 排放量超过汽车排放总量的 90%；汽油车 CO 排放量超过汽车排放总量的 80%，HC 排放量超过汽车排放总量的 70%。此外，非道路移动源排放对空气质量的影响也不容忽视，其中二氧化硫（SO_2）排放量为 16.3 万吨，HC 排放量为 42.5 万吨，NO_x 排放量为 478.2 万吨，PM 排放量为 23.7 万吨，非道路移动源的 NO_x 排放量接近于机动车 NO_x 排放量。

我国高度重视移动源的污染防治工作，启动蓝天保卫战、柴油货车污染治理攻坚战等重大“战役”对环境污染开展综合治理，持续改善生态环境质量，努力提高人民群众对美好生态环境的获得感和幸福感。

移动源环境管理涉及“路、油、车、企”四个方面，必须统筹进行，才能有效降低污染物排放。针对车用燃料，应大力开展清洁油品专项行动，严厉打击生产、销售、存储不合格油品行为，坚决取缔黑加油站点及非法流动加油车，加强对油品制售企业质量监督管理，从源头治理柴油车超标排放。

近二十年来，我国车用油品标准不断完善。一方面使车用柴油向着降低硫含量、降低多环芳烃含量、提高十六烷值的方向发展，另一方面积极发展并推进低碳燃料（如生物燃料）的应用。目前车用柴油中的硫含量已限制到 10 mg/kg 以下，并且实现了“车用柴油、普通柴油、部分船舶用油”三油并轨。

车用柴油的质量保障是打赢柴油货车污染治理攻坚战的重要环节，保证市售柴油质量合格达标成为主管部门的重要工作。市场监管部门通常采用定期抽查的方式，即按计划到加油站取样，然后送到实验室进行样品全项检测。但此方法检测时间长，检测费用较高，存在通过检测发现问题时该批油品已售光的情形，为后续溯源、查处带来诸多不便。柴油中硫含量是车用柴油的重要环保指标，也是每次标准修订时变化最显著的指标，因其与 $PM_{2.5}$ 的生成关系紧密，故近几年生态环境部开展的移动源污染防治监督帮扶行动均以硫含量是否达标为切入点。同时为提升帮扶检查效率，对超标油品开展高效溯源工作，检查人员通过使用硫含量快速检测仪对现场的样品硫含量指标进行快速筛查，如发现超标油品，再取样送有资质的第三方检测机构复测。这样不仅建立了一套高效、快速、准确的检测流程，还节约了大量经费。此种检测方法在近几年的清洁油品专项行动中得到广泛应用，并得到社会的普遍认可。

本书从环保的角度介绍了现行车用柴油标准体系、重要环保指标、现场检测方法、现场快速检测设备的应用、检查中发现的典型案例及近几年监督帮扶成果，旨在为相关检查人员、环保人员在移动源污染防治行动中提供有益帮助。

本书在编写过程中得到了赵海光、倪虹的大力支持，祖雷、马遥、朱仁成对全书进行了修订，张诗海、李铁、贾子豪等人提出大量宝贵意见，在此谨致诚挚的感谢。由于编者的知识水平和能力有限，书中难免有不妥之处，恳请广大读者不吝赐教和指正。

编　者

2023 年 4 月于北京

目　录

第一章
车用柴油标准体系概述

一、车用柴油标准体系构成

根据《中国移动源环境管理年报》表述，车用柴油标准体系主要由车用柴油、柴油清净剂和柴油发动机氮氧化物还原剂等标准构成。截至 2022 年 12 月 31 日，我国车用柴油标准体系及执行的现行标准如表 1-1 所示。

表 1–1　车用柴油标准体系及现行标准

燃料类型	标准名称
柴油标准	《车用柴油》（GB 19147—2016）
	《B5 柴油》（GB 25199—2017）
	《车用柴油环保技术要求》（DB11/ 239—2021）
清净剂标准	《柴油清净剂》（GB/T 32859—2016）
氮氧化物还原剂标准	《柴油发动机氮氧化物还原剂　尿素水溶液（AUS 32）》（GB 29518—2013）

二、标准中的重要定义

1. 石油柴油

由石油制取的，或加有添加剂的用于压燃式发动机的烃类液体燃料。

2. BD100 生物柴油

由动植物油脂或废弃油脂与醇（如甲醇或乙醇）反应制得的脂肪酸单烷基酯，最典型的为脂肪酸甲酯（FAME），用 BD100 表示。

3. B5 柴油

由体积分数为 1%～5% 的 BD100 生物柴油与体积分数为 95%～99% 的石油柴油调和而成的用于压燃式发动机的液体燃料。

4. 柴油清净剂

添加到柴油中用以抑制或清除发动机供油系统和喷油器沉积物的物质。

5. 车用柴油的产品分类

车用柴油按凝点分为六个牌号，分别为 5 号车用柴油、0 号车用柴油、-10 号车用柴油、-20 号车用柴油、-35 号车用柴油、-50 号车用柴油。

① 5 号车用柴油：适用于风险率为 10% 的最低气温在 8℃以上的地区。

② 0 号车用柴油：适用于风险率为 10% 的最低气温在 4℃以上的地区。

③ -10 号车用柴油：适用于风险率为 10% 的最低气温在 -5℃以上的地区。

④ -20 号车用柴油：适用于风险率为 10% 的最低气温在 -14℃以上的地区。

⑤ -35 号车用柴油：适用于风险率为 10% 的最低气温在 -29℃以上的地区。

⑥ -50 号车用柴油：适用于风险率为 10% 的最低气温在 -44℃以上的地区。

6. 车用柴油调制要求

车用柴油中所使用的添加剂应无公认的有害作用，添加剂应按推荐的适宜用量使用。车用柴油中不应含有任何可导致车辆无法正常运行的添加物和污染物，且不得人为加入甲醇。

7. 取样要求

车用柴油取样按《石油液体手工取样法》（GB/T 4756—2015）进行，需取 4 L 车用柴油作为检验和留样使用。

8. 标志、包装、运输和贮存要求

向用户销售的符合标准要求的车用柴油所使用的加油机都应明确标识产品的名称、牌号和等级。如“0 号柴油（Ⅵ）”等，并应标识在消费者可以看见的地方。车用柴油属易燃液体，产品的标志、包装、运输、贮存和交货验收按《石油及相关产品包装、储运及交货验收规则》（NB/SH/T 0164—2019）、《化学品分类和标签规范　第7部分：易燃液体》（GB 30000.7—2013）和《危险货物包装标志》（GB 190—2009）进行。

三、车用柴油标准制修订进程

车用柴油质量标准和汽车排放标准二者相辅相成。不断加严的汽车排放法规，对车用柴油的质量标准提出了更高要求；同样，车用柴油质量标准的提高为汽车排放法规的实施也起到了良好的支撑作用。从发展趋势来看，车用柴油标准的升级一方面将向降低硫含量、降低多环芳烃含量及提高十六烷值的方向发展；另一方面，在碳达峰、碳中和背景下，标准的升级也将会加快推进低碳燃料（如生物燃料）的应用。世界各国的车用柴油标准在升级过程中，降幅最大的柴油指标是硫含量。目前超低尾气排放柴油汽车所用燃料中的硫含量已限制到10 mg/kg以下。我国现行的第六阶段车用柴油质量标准已严于美国、日本、欧洲等发达国家和地区。

相较于其他车用燃料，柴油在我国有着更广泛的应用历程。早期柴油叫作轻质柴油或普通柴油。作为拖拉机、内燃机车、内河船舶、工程机械和发电机组等压燃式发动机所使用的化石燃料（也称矿石燃料），其为我国早期经济发展做出了重要贡献。

1964 年，我国制定了《普通柴油》（GB 252—1964）标准，并分别于 1977 年、1981 年、1987 年、1994 年、2000 年、2011 年和 2015 年对《普通柴油》标准进行了多次修订。

2000 年前后，随着我国汽车行业的快速发展，机动车排放对环境的影响逐渐引起人们的重视，进而我国加快加严了机动车排放标准的制定。与之相配套的《车用柴油》标准也加快了制修订进程。2000 年修订的《轻柴油》（GB 252—2000）中，要求从 2002 年 1 月 1 日起执行硫含量不大于 0.2% 的标准；2003 年我国制定了满足欧洲Ⅱ阶段机动车排放要求的标准《车用柴油》（GB/T 19147—2003），并于 2009 年对其进行了第一次修订，要求从 2010 年 1 月 1 日起使用硫含量低于 350 mg/kg 的国Ⅲ柴油；2013 年 2 月对其进行了第二次修订，发布了《车用柴油（Ⅳ）》（GB 19147—2013），要求从 2015 年 1 月 1 日起使用硫含量低于 50 mg/kg 的国Ⅳ柴油；2013 年 6 月对其进行了第三次修订，发布了《车用柴油（Ⅴ）》（GB 19147—2013），要求从 2018 年 1 月 1 日起使用硫含量低于 10 mg/kg 的国Ⅴ柴油；2016 年对其进行了第四次修订，发布了《车用柴油》（GB 19147—2016），要求从 2019 年 1 月 1 日起使用硫含量低于 10 mg/kg 的国Ⅵ柴油。

为推动可再生燃料生物柴油的发展，2010 年我国首次制定了《生物柴油调合燃料（B5）》（GB/T 25199—2010）标准，填补了我国该领域标准的空白。2014年和2015年又分别修订了《柴油机燃料调合用生物柴油（BD100）》（GB/T 20828—2014）和《柴油机燃料调合用生物柴油（BD100）》（GB/T 20828—2015）标准。2017年在综合前两项标准的基础上制定并实施了《B5柴油》（GB 25199—2017）标准。

根据《中共中央　国务院关于全面加强生态环境保护　坚决打好污染防治攻坚战的意见》和《国务院关于印发打赢蓝天保卫战三年行动计划的通知》（国发〔2018〕22号）的有关要求，自2019年1月1日起，全国全面供应符合国Ⅵ标准的柴油，实现了车用柴油、普通柴油、部分船舶用油的“三油并轨”，同时取消普通柴油标准。

随着我国油品质量提升，总结历次标准更新内容可发现，车用柴油质量升级主要体现在硫含量这一主要指标上。与国Ⅳ标准相比，国Ⅴ标准车用柴油的硫含量限值下降80%，从不大于50 mg/kg下降到不大于10 mg/kg，也就是说，5辆使用国Ⅴ标准车用柴油的同等排量汽车，其二氧化硫排放量与1辆使用国Ⅳ标准车用柴油的排放量相当。这也意味着车用柴油标准升级至国Ⅴ标准后，不但可大幅降低二氧化硫排放，还能使符合国Ⅴ标准的汽车排放的颗粒物减少80%，氮氧化物减少25%，而后两者是空气中$PM_{2.5}$的主要来源。车用柴油标准升级进程与硫含量技术要求见图1-1。

<table>
<tr><th></th><th>2002</th><th>2003</th><th>2004</th><th>2005</th><th>2006</th><th>2007</th><th>2008</th><th>2009</th><th>2010</th><th>2011</th><th>2012</th><th>2013</th><th>2014</th><th>2015</th><th>2016</th><th>2017</th><th>2018</th><th>2019</th><th>2020</th></tr>
<tr><td>车用柴油</td><td colspan="2">2 000
国Ⅰ</td><td colspan="6">500
国Ⅱ</td><td colspan="5">350
国Ⅲ</td><td colspan="3">50
国Ⅳ</td><td>10
国Ⅴ</td><td colspan="2">10
国Ⅵ</td></tr>
<tr><td>普通柴油</td><td colspan="11">2 000
国Ⅰ</td><td colspan="4">350
国Ⅲ</td><td>50
国Ⅳ</td><td>10
国Ⅴ</td><td colspan="2">取消</td></tr>
<tr><td>B5车用</td><td colspan="8">无要求</td><td colspan="8">350</td><td colspan="3">10</td></tr>
<tr><td>B5普通</td><td colspan="8">无要求</td><td colspan="8">1 500</td><td colspan="3">取消</td></tr>
</table>

图 1-1　车用柴油标准升级进程与硫含量技术要求（单位：mg/kg）

第二章

车用柴油国Ⅵ标准介绍

一、概述

近年来，我国逐渐加快了车用油品质量的升级进程。自2000年以来，车用柴油标准从国Ⅰ逐步升级到国Ⅵ，标准中硫含量限值也由最初的不大于1 000～2 000 mg/kg（ppm，百万分之一），下降到国Ⅴ、国Ⅵ的不大于10 ppm，降幅高达99%。

根据2016年年底发布的标准《车用柴油》（GB 19147—2016）要求，从2019年1月1日起，全国范围内执行国Ⅵ车用柴油标准。据统计，我国国Ⅵ车用柴油的性能在各方面都达到了世界先进水平。相比于国Ⅴ标准，国Ⅵ标准重点降低了车用柴油指标中的多环芳烃含量，并增加了总污染物含量的量化指标要求；技术指标全面达到欧盟现阶段车用油品标准水平，个别指标甚至超过欧盟标准。相关研究数据显示，相较于国Ⅴ车用标准，国Ⅵ车用标准的油品一氧化碳排放量降低50%，总碳氢化合物和非甲烷总烃排放限值下降50%，氮氧化物排放量下降42%。

二、车用柴油（VI）技术要求及试验方法

《车用柴油》（GB 19147—2016）规定的车用柴油技术要求及试验方法见表 2-1。

表 2-1　车用柴油（VI）技术要求及试验方法

项　目	质量指标						实验方法
	5 号	0 号	−10 号	−20 号	−35 号	−50 号	
氧化安定性（以总不溶物计）/（mg/100 mL）　不大于	2.5						SH/T 0175
硫含量[a]（mg/kg）　不大于	10						SH/T 0689
酸度（以 KOH 计）/（mg/100 mL）　不大于	7						GB/T 258
10% 蒸余物残炭[b]（质量分数）/%　不大于	0.3						GB/T 17144
灰分（质量分数）/%　不大于	0.01						GB/T 508
铜片腐蚀（50℃，3 h）/ 级　不大于	1						GB/T 5096
水含量[c]（体积分数）/%　不大于	痕迹						GB/T 260
润滑性 校正磨痕直径（60℃）/ μm　不大于	460						SH/T 0765
多环芳烃含量[d]（质量分数）/%　不大于	7						SH/T 0806

续表

项　目	质量指标						实验方法
	5号	0号	-10号	-20号	-35号	-50号	
总污染物含量（mg/kg）　不大于	24						GB/T 33400
运动黏度[e]（20℃）/（mm^2/s）　不大于	3.0～8.0		2.5～8.0		1.8～7.0		GB/T 265
凝点 /℃　不高于	5	0	-10	-20	-35	-50	GB/T 510
冷滤点 /℃　不高于	8	4	-5	-14	-29	-44	SH/T 0248
闪点（闭口）/℃　不低于	60			50	45		GB/T 261
十六烷值　不小于	51			49	47		GB/T 386
十六烷指数[f]　不小于	46			46	43		SH/T 0694
馏程： 50% 回收温度 /℃　不高于 90% 回收温度 /℃　不高于 95% 回收温度 /℃　不高于	 300 335 365						GB/T 6536
密度[g]（20℃）/（kg/m^3）	810～845			790～840			GB/T 1884 GB/T 1885
脂肪酸甲酯含量[h]（体积分数）/%　不大于	1.0						NB/SH/T 0916

[a] 也可采用 GB/T 11140 和 ASTM D7039 进行测定，结果有异议时，以 SH/T 0689 方法为准。

[b] 也可采用 GB/T 268 进行测定，结果有异议时，以 GB/T 17144 方法为准，若车用柴油中含有硝酸酯型十六烷值改进剂，10% 蒸余物残炭的测定应使用不加硝酸酯的基础燃料进行。车用柴油中是否含有硝酸酯型十六烷值改进剂的检验方法见附录 B。

[c] 可用目测法，即将试样注入 100 mL 玻璃量筒中，在室温（20℃ ±5℃）下观察，应当透明，没有悬浮和沉降的水分，也可采用 GB/T 11133 和 SH/T 0246 测定，结果有异议时，以 GB/T 260 方法为准。

续表

项　目	质量指标						实验方法
	5号	0号	−10号	−20号	−35号	−50号	
[d] 也可采用 SH/T 0606 进行测定，结果有异议时，以 SH/T 0806 方法为准。 [e] 也可采用 GB/T 30515 进行测定，结果有异议时，以 GB/T 265 方法为准。 [f] 十六烷指数的计算也可采用 GB/T 11139，结果有异议时，以 SH/T 0694 方法为准。 [g] 也可采用 SH/T 0604 进行测定，结果有异议时，以 GB/T 1884 和 GB/T 1885 方法为准。 [h] 脂肪酸甲酯应满足 GB/T 20828 要求，也可采用 GB/T 23801 进行测定，结果有异议时，以 NB/SH/T 0916 方法为准							

三、车用柴油（VI）重要环保指标相较于以前标准的变化

1. 硫含量

硫含量是车用柴油的重要环保指标，直接影响着柴油车尾气烟度和颗粒物的一次排放，同时也会对柴油车尾气催化净化装置的运行性能产生不良影响。研究表明，柴油中大约 98% 的硫会在燃烧过程中转化为二氧化硫，其余 2% 的硫作为硫酸盐被排放，但大部分二氧化硫会经过尾气后处理系统催化转化为

硫酸盐，成为柴油车尾气颗粒物排放的一部分。柴油中过高的硫含量还会使柴油车催化转化系统中毒失效，从而导致车辆尾气排放情况恶化甚至超标。随着排放标准的日趋严格，我国车用柴油标准中硫含量限值不断降低，已达到国际先进水平，具体如图 2-1 所示。

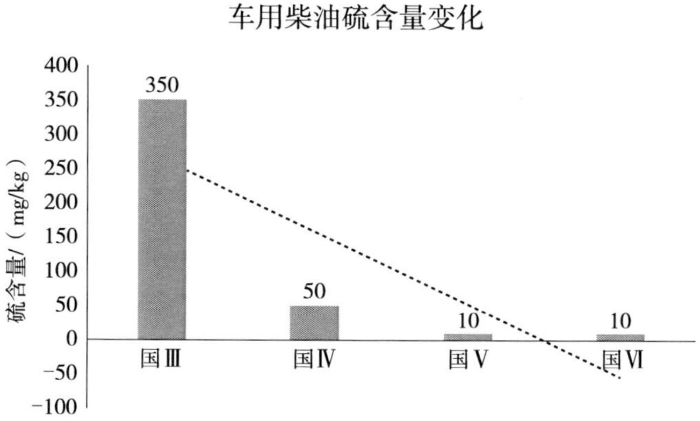

图 2-1　不同阶段车用柴油标准中硫含量限值

2. 多环芳烃含量

多环芳烃含量是指柴油中的总芳烃含量减去单环芳烃含量后剩余的量。多环芳烃是柴油车尾气碳烟颗粒生成的重要前驱体，且多为致癌物质。柴油中的多环芳烃不完全燃烧不仅会促进颗粒物的生成，还会增加尾气中有毒有害物质排放。降低燃油中多环芳烃的含量，有利于减少汽车污染物的排放。因此，国Ⅵ车用柴油标准中将多环芳烃含量限值降低至 7%，具体如图 2-2 所示。

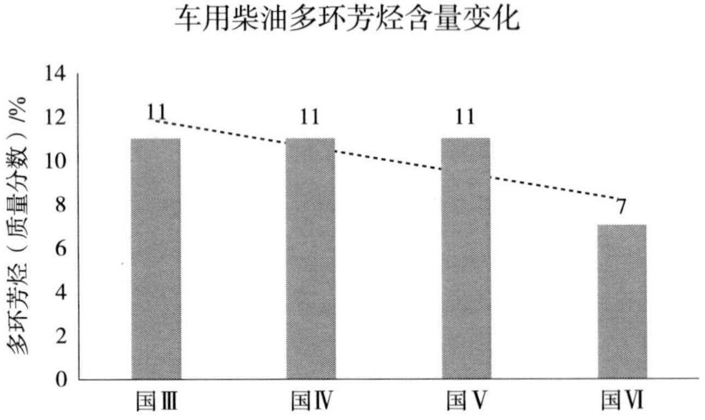

图 2-2　不同阶段车用柴油标准中多环芳烃含量限值

3. 闪点

柴油的闪点是指柴油蒸气和周围空气的混合气接近火焰时将要燃烧的温度，闪点越低挥发性越好，闪点是可燃性液体贮存、运输和使用的一个安全指标，同时是可燃性液体的挥发性指标。我国从国Ⅴ车用柴油标准开始要求 5 号、0 号、-10 号车用柴油的闪点（闭口）不低于 60℃。闪点低的可燃性液体挥发性高、容易着火、安全性较差。

4. 密度

柴油密度是柴油轻质组分和重质组分的综合表现，影响着柴油的燃烧和排放。通常不同牌号的柴油密度不同，如国Ⅵ和国Ⅴ车用柴油标准中 5 号、0 号和 10 号柴油的密度范围（20 ℃）为 810～850 kg/m^3，而 -20 号、-35 号和 -50 号柴油的密度范围（20℃）为 790～840 kg/m^3。国Ⅵ标准中将 5 号、

0 号和 10 号柴油 20℃的密度范围减少至 810～845 kg/m^3，而 -20 号、-35 号和 -50 号柴油的密度范围保持不变。

5. 总污染物含量和机械杂质

国Ⅵ车用柴油标准中新增了对柴油中总污染物含量的限制，要求其不大于 24 mg/kg。此外，国Ⅳ和国Ⅴ车用柴油标准中对“机械杂质”项目的限值规定一直是“无”，故国Ⅵ车用柴油标准中删除了对“机械杂质”项目的规定。

第三章

车用柴油指标介绍

一、氧化安定性

柴油氧化安定性是指柴油的化学稳定性，即在运输、贮存和使用过程中柴油抵抗大气或氧气氧化能力的大小。柴油中含有的不饱和烃，特别是二烯烃，发生氧化反应后颜色会变深，气味难闻，产生一种胶状物质及不溶性沉渣，严重时会造成柴油机滤油器堵塞和喷油嘴结焦等故障。

现行国Ⅵ车用柴油标准中规定的氧化安定性检测方法为《馏分燃料油氧化安定性测定法（加速法）》（SH/T 0175—2004），《车用柴油》（GB 19147—2016）中规定的限值为氧化安定性不大于 2.5 mg/100 mL。

二、十六烷值和十六烷指数

十六烷值是衡量柴油在压燃式发动机中着火性能的指标，

直接影响柴油机燃烧的平稳性。十六烷值越高，表明柴油的着火性能越好、滞燃期越短、燃烧越均匀、发动机发动越平稳。传统理论认为，提高十六烷值可以改善柴油的着火性能，但同时也会使柴油的蒸发性变差，导致柴油来不及蒸发就发火燃烧，从而在高温下发生裂解产生碳烟，所以十六烷值越高，碳烟就越多，不利于减少颗粒物的排放。但现代研究证明，随着柴油十六烷值（或十六烷指数）的升高，HC、CO、NO_x 和 PM 排放均呈不断降低趋势。其主要原因是早期柴油由原油直接分馏而得到，里面含有较多的正构烷烃，正构烷烃热安定性较差，在400～450℃时发生热裂解生成的不饱和烃小分子易发生环化缩聚，生成碳烟前体，所以十六烷值越高，即正构烷烃越多，碳烟生成也就越多。此外，随着十六烷值升高，雾化油粒燃烧前蒸发时间变短，致使扩散燃烧时间延长，也会引起更多碳烟生成。随着现代石油炼制工艺的发展，正构烷烃含量大幅度下降，一些柴油产品中添加了十六烷值改进剂以弥补十六烷值低的不足，致使十六烷值对排放的影响规律发生了变化。

现行国Ⅵ车用柴油标准中规定的十六烷值检测方法为《柴油十六烷值测定法》（GB/T 386）。《车用柴油》（GB 19147—2016）中规定的限值为：5 号、0 号、-10 号柴油十六烷值不小于 51，-20 号柴油十六烷值不小于 49，-35 号、-50 号柴油十六烷值不小于 47。

十六烷指数检测方法为《中间馏分燃料十六烷指数计算

法（四变量公式法）》（SH/T 0694），《车用柴油》（GB 19147—2016）中规定的限值为：5 号、0 号、-10 号柴油十六烷指数不小于 46，-20 号柴油十六烷指数不小于 46，-35 号、-50 号柴油十六烷指数不小于 43。

三、运动黏度

柴油的运动黏度不仅影响喷油时的雾化质量，而且对碳烟排放会产生很大影响。运动黏度较大的柴油喷入气缸后，形成的油雾微粒直径往往较大，生成碳烟的数量也较多。虽然运动黏度下降会引起喷射雾化油粒直径变小，使碳烟颗粒的生成量大幅下降，但使用运动黏度过小的柴油对柴油机的工作也是不利的。

现行国Ⅵ车用柴油标准中规定的运动黏度（20℃）检测方法为《石油产品运动粘度测定法和动力粘度计算法》（GB/T 265）。《车用柴油》（GB 19147—2016）中规定的限值分别为：5 号、0 号、-10 号柴油运动黏度为 3.0～8.0 mm^2/s，-20 号柴油运动黏度为 2.5～8.0 mm^2/s，-35 号、-50 号柴油运动黏度为 1.8～7.0 mm^2/s。

四、馏程

馏程是柴油在规定条件下蒸馏所得到，以初馏点和终馏点表示其蒸发特征的温度范围，反映了柴油的蒸馏特性（挥发性），对其安全性能和使用性能有着极为重要的影响。标准中常用 50%、90% 和 95% 馏出温度来分别表示油品在规定条件下进行馏程测定时，量筒中回收到试样 50%、90% 和 95% 体积的冷凝液所观察到的温度，以℃表示。研究证明，降低柴油的初馏点、终馏点，90% 和 95% 馏出温度有利于改善排放。

现行国Ⅵ车用柴油标准中规定的馏程检测方法为《石油产品常压蒸馏特性测定法》（GB/T 6536）。《车用柴油》（GB 19147—2016）中规定的限值为：50% 回收温度不高于 300℃，90% 回收温度不高于 355℃，95% 回收温度不高于 365℃。

五、密度

密度是柴油的一个重要理化指标，它影响柴油的喷雾质量，进而影响柴油机的排放情况。有关试验研究表明，降低柴油密度有利于减少柴油燃烧过程中的颗粒物排放。

现行国Ⅵ车用柴油标准中规定的密度（20℃）检测方法为《原油和液体石油产品密度实验室测定法（密度计法）》（GB/T 1884）和《石油计量表》（GB/T 1885），《车用柴油》（GB 19147—2016）规定的限值为：5 号、0 号、-10 号柴油密度为 810～845 kg/m^3，-20 号、-35 号、-50 号柴油密度为 790～840 kg/m^3。

六、硫含量

硫含量是车用柴油中一项比较重要的环保指标，直接关系到环境污染和腐蚀程度。硫含量的增加，除了导致燃烧过程中产生的硫酸盐固体颗粒增多，还会促使碳烟生成，增加颗粒物总量。此外，硫含量过高会使排气催化转化器中的催化剂中毒，缩短排气后处理系统寿命。所以，车用燃油对硫含量的限制极为严格。美国在 2000 年就限制燃料硫含量在 0.05% 以下，欧盟在 2000 年就限制燃料硫含量在 0.035% 以下，日本在 2002 年就限制燃料硫含量在 0.01% 以下，《世界燃油规范》3 类清洁燃油油品要求柴油的硫含量必须在 0.005% 以下。

现行国Ⅵ车用柴油标准中规定的硫含量检测方法为《轻质烃及发动机燃料和其他油品的总硫含量测定法（紫外荧光法）》（SH/T 0689），《车用柴油》（GB 19147—2016）规定的限值为：硫含量不大于 10 mg/kg。

七、芳香烃

柴油中的芳香烃组分包括单环、双环及少量三环芳香烃。双环和三环芳香烃统称多环芳香烃，是致癌物质。多环芳香烃对排放会产生较大的影响。有关研究表明，与 C/H 相近的两种燃料由于芳香烃含量不同，碳烟生成量有很大差异。美国加州 2000 年就限制柴油的芳香烃的含量不得超过 10%。

现行国Ⅵ车用柴油标准中规定的多环芳香烃含量（质量分数）检测方法为《中间馏分芳烃含量的测定 示差折光检测器高效液相色谱法》（SH/T 0806），《车用柴油》（GB 19147—2016）规定的限值为不大于 7%。

八、含氧组分

在柴油中掺加醇、醚和酯等含氧物质能大幅度减少排放，特别是减少碳烟排放。这类物质主要有甲醇、乙二醇二甲基醚、二乙二醇二甲基醚、二甲基碳酸酯（DMC）等。目前车用柴油标准中仅对脂肪酸甲酯含量有明确要求。

现行国Ⅵ车用柴油标准中规定的脂肪酸甲酯（体积分数）检测方法为《柴油燃料中生物柴油（脂肪酸甲酯）含量的测定　红外光谱法》（NB/SH/T 0916），《车用柴油》（GB 19147—2016）规定的限值为不大于 1.0%。

第四章

车用柴油炼制方法介绍

一、常压蒸馏和减压蒸馏

石油常压蒸馏又称直馏，在常压和300～400℃下进行，该温度下，部分高沸点的重质油无法蒸出。为了提高重质油蒸出量，同时为避免部分重质油组分在高温下发生分解，根据物质的沸点随外界压力下降而下降的原理，通常将常压蒸馏和减压蒸馏组合使用，称为常减压蒸馏，其基本属于物理过程。原料油在蒸馏塔里按蒸发能力分成沸点范围不同的油品（称为馏分），除小部分经调合、加入添加剂后以产品形式直接出厂外，其余多为后续石油加工的原料，因此，常减压蒸馏是石油加工的第一道工序，又被称为原油的一次加工。

常减压蒸馏主要包括三个工序，分别为原油的脱盐与脱水（预处理）、常压蒸馏、减压蒸馏。油田送至炼油厂的原油往往含盐（主要是氯化物）和带水（溶于油或呈乳化状态），会导致设备的腐蚀，在设备内壁结垢并影响成品油的组成，因此在进行蒸馏前需进行脱除。常用的办法是加破乳剂和水，使油中的水集聚并从油中分离出，在高压电场的配合下，将盐分溶于水后形成的较大水滴顺利除去。经过脱盐、脱水的原油再经过预热，通过常压蒸馏和气提（用过热水蒸气在汽提塔中把溶于液体中的低沸点组分吹出，并返回蒸馏塔），分离出煤油、轻质油和重质油。再经过减压蒸馏，得到油品和减压油渣。

二、催化裂化

催化裂化是在热裂化工艺的基础上发展起来的，是提高原油加工深度、生产优质汽柴油最重要的工艺操作，其目的是将重质油品转化为轻质油品。原料主要是原油蒸馏或其他炼油装置的 350～540℃馏分中的重质油。催化裂化工艺流程由原料油催化裂化、催化剂再生和产物分离三部分组成。催化裂化所得的产物经分馏后可得到气体、汽油、柴油和重质馏分油。部分返回反应器继续进行加工的油称为回炼油。催化裂化操作条件的改变或原料波动，可使产品组成波动。

三、催化重整

催化重整（以下简称重整）是在含铂催化剂和氢气存在的情况下，将常压蒸馏所得的轻质油馏分中的正构烷烃和环烷烃转化为芳香烃和异构烷烃，得到含芳香烃较高的重整汽油的过程。如果以 80～180℃馏分为原料油，产品为高辛烷值汽油；如果以 60～165℃馏分为原料油，产品主要是苯、甲苯、二甲苯等芳香烃，重整过程副产物氢气可作为炼油厂加氢操作的氢源。重整的反应条件是：反应温度为 490～525℃，反应压力为 1～2 MPa。重整的工艺过程可分为原料预处理和重整两个工序。预处理包括预分馏选取合适的组分、预加氢（去除硫、氮、氧、砷、铅等杂质）以及汽提脱水。经过预处理的原料油与循环氢混合，经过换热、加热后进入串联的三个至四个重整反应器，最终得到高辛烷值汽油或苯类产品。

四、加氢裂化

加氢裂化是在高温、高压和有氢气存在的条件下，通过催化剂的作用，经加氢、异构化、裂化等反应，将重质原料转化成汽油、煤油、柴油和润滑油等轻质油品。加氢裂化中的氢气可防止生成大量的焦炭，脱除原料中有害的含硫、氮、氧等化合物，提高油品的氢碳比。加氢裂化生产灵活性大，可根据产品需求调整不同操作条件，而且产品收益率较高，质量稳定性高。

五、延迟焦化

延迟焦化是在较长反应时间下，使原料深度裂化，以生产固体石油焦炭为主要目的，同时获得气体和液体产物的炼化工艺。延迟焦化所用原料主要是高沸点的渣油，经管式加热炉加热到焦化反应所需要的温度（约 500℃）并使之迅速离开加热炉管，油品在焦炭塔内进行裂解和缩合反应，生成的油气由焦炭塔顶逸出，生成的焦炭留在塔内。通过改变原料和操作条件，可以调整汽油、柴油、裂化原料油、焦炭的比例。

六、炼厂气加工

原油一次加工和二次加工的各生产装置都有气体产出，这些气体称为炼厂气，主要成分有氢、甲烷、由 2 个碳原子组成的乙烷和乙烯、由 3 个碳原子组成的丙烷和丙烯、由 4 个碳原子组成的丁烷和丁烯等。它们的主要用途是作为石油化工原料以及生产氢气和氨。发展炼厂气加工的前提是要对炼厂气先分离后利用。炼厂气经分离后作化工原料的比重增加，如分出较纯的乙烯可作乙苯，分出较纯的丙烯可作聚丙烯等。

七、石油产品精制

通过前面所述可知，生产工艺产出的油品一般不能直接作为商品。为满足要求，除进行调合、添加添加剂外，还需要进一步精制，去除杂质，改善性能。常见的杂质有含硫、氮、氧的化合物以及混在油中的蜡和胶质等成分。它们可使油品有臭味、色泽深，具有腐蚀机械设备、不易保存等特点。

常用去除杂质的方法有酸碱精制、脱臭、加氢、溶剂精制、脱蜡、白土精制等。酸精制是用硫酸处理油品，可除去某些含硫化合物、含氮化合物和胶质。碱精制是用烧碱水溶液处理油品，可除去含氧化合物和硫化物，并可除去酸精制时残留的硫酸。酸精制与碱精制常联合应用，故称酸碱精制。

脱臭是除去含硫高的原油制成的油品因含硫醇而产生的恶臭的一种方法。硫醇含量高时会使油品生胶质，不易保存。可在催化剂存在的条件下，先用碱液处理，再用空气氧化。

加氢是在催化剂存在的情况下，温度为300～425℃，压力为1.5 MPa下进行的。加氢可除去含硫、氮、氧的化合物和金属杂质，改进油品的储存性能和腐蚀性、燃烧性，该方法可用于各种油品。

脱蜡主要用于精制航空煤油、柴油等，尤其对航空用油十分重要，有些润滑油在精制后也需要脱蜡。油品中的蜡在低温下会形成结晶，影响流动性能，并容易堵塞管道，可用分子筛吸附来进行脱蜡。

白土精制是指用白土（主要由二氧化硅和三氧化二铝组成）吸附有害物质。该方法一般用在精制工序的最后。

第五章

B5 车用柴油相关标准介绍

一、生物柴油的介绍

生物柴油是以植物油、动物油、地沟油、泔水油、化工厂油等废弃油脂为原料与甲醇或乙醇经酯化而形成的脂肪酸单烷基酯，也称 BD100 生物柴油。最典型的生物柴油是脂肪酸甲酯（FAME），是可供内燃机使用的一种安全、清洁、高效的可再生液体燃料。生物柴油是典型的绿色能源，具有环保性能好、燃料性能好、原料来源广泛、可再生等特性。大力发展生物柴油对经济可持续发展、推进能源替代、减轻环境压力以及控制城市大气污染等方面具有重要的战略意义。

B5 车用柴油是体积分数为 1%～5% 的 BD100 生物柴油与体积分数为 95%～99% 的调和燃料。

B5 车用柴油按凝点分为 3 个牌号，即 5 号、0 号、-10 号。

① 5 号：适用于风险率为 10% 的最低气温在 8℃以上地区。

② 0 号：适用于风险率为 10% 的最低气温在 4℃以上地区。

③ -10 号：适用于风险率为 10% 的最低气温在 -5 ℃以上地区。

二、生物柴油的发展前景

从世界范围来看，现代车用柴油机因为采用了电控发动机控制系统、高压燃油直喷式燃烧系统以及废气排放控制装置，已完全克服了传统柴油机的缺点，能够满足现行的国际排放标准。现代柴油汽车的装置和技术对燃油质量要求较高，如柴油含硫量要低，要有良好的安定性及润滑性、较高的十六烷值和清净性等，但因为柴油机燃烧效率高、节能效果好、使用寿命长，所以目前世界范围内的汽车柴油化是大势所趋，并且这种趋势还在加快。

汽车柴油化导致世界柴油的需求量迅猛增长，供应量严重不足。由于普通柴油来自石油，而石油的储量有限且不可再生，致使世界石油资源供应日益紧张，能源危机和能源安全问题日益凸显。这种全球性的能源紧缺趋势给来源于含油植物的替代燃料——生物柴油留下广阔的发展空间。与石油不同，经过农业科学家和生物科学家的共同努力，生物柴油作为可再生能源，供应量不会枯竭。同时，生物柴油因其来自含油植物，燃烧产物可被植物吸收转化，在生产和利用过程中不

会产生大气中的 CO_2 净积累，有助于减轻温室效应，同时能保持生态的良性循环。因此，生物柴油是一种真正意义上的绿色能源。

生物柴油作为可再生能源，成本优势也比较突出。由于世界石油资源的急剧消耗，含硫原油（含硫量为 0.5%～2.0%）和高硫原油（含硫量在 2.0% 以上）的产量已占世界原油总产量的 75% 以上，其中含硫量在 1% 以上的原油产量占世界原油总产量的 55% 以上，含硫量在 2% 以上的原油产量占世界原油总产量的 30% 以上。炼油企业为了向市场提供能使柴油汽车的尾气排放达到标准要求的清洁油品，既要在现有基础上使柴油保持较低的芳烃含量和较高的十六烷值，又要使其具有良好的安定性、润滑性和清净性，这就要求炼油企业在炼油装置的调整方面要投入大量资金，但这会造成油品生产成本的提高和利润的降低甚至亏损。生物柴油可利用各种动物油、植物油，甚至一些生活废弃物，如废食用油、甘蔗渣等作为原料，其生产原料来源广泛，价格相对低廉，并且环保性能优异，质量指标很容易达到《世界燃油规范》2 类和 3 类柴油标准的要求。此外，生物柴油在生产过程中可得到经济价值较高的副产品甘油，这种甘油可供应化工产品、医药品等市场。

三、生物柴油的环保特性

众所周知，普通柴油分子由 15 个左右的碳链组成。研究发现，植物油分子一般由 14～18 个碳链组成，与普通柴油分子中的碳数相近。从化学成分上分析，生物柴油燃料是一种高脂酸甲烷，它是通过以不饱和油酸 C18 为主要成分的甘油酯分解获得。与普通柴油相比，生物柴油具有以下无法比拟的性能。

1. 具有优良的环保特性

由于生物柴油中硫含量较低，可减少约 30%（有催化剂时为 70%）的二氧化硫和硫化物排放。生物柴油中不含对环境造成污染的芳香族烷烃，因而燃烧后尾气对人体的损害低于普通柴油。经统计，与普通柴油相比，使用生物柴油可降低 90% 的空气毒性，同时能够降低 94% 的患癌率。生物柴油含氧量较高，燃烧时排烟少，能减少约 10%（有催化剂时为 95%）的一氧化碳排放。生物柴油的生物降解性较高，可获得充分降解，有利于生态环境保护。

2. 具有较好的低温发动机启动性能

无添加剂时，生物柴油的冷滤点可达到 -20℃。

3. 具有较好的润滑性能

生物柴油可使喷油泵、发动机缸体和连杆的磨损率降低，使用寿命延长，使用成本降低。

4. 具有较好的安全性能

由于闪点高，生物柴油不属于危险品。因此，生物柴油在运输、储存、使用等方面较为方便。

5. 具有良好的燃烧性能

生物柴油的十六烷值较高，燃烧性能优于普通柴油，燃烧残留物呈微酸性，可延长催化剂和发动机机油的使用寿命。

6. 具有可再生性能

生物柴油作为可再生能源，与储量有限的石油不同，供应量不会枯竭。

7. 对降低温室气体排放，减缓全球变暖具有重要作用

生物柴油在发动机气缸中燃烧后释放 CO_2，生产原料在生长过程中通过光合作用吸收 CO_2。与石化柴油燃烧所释放的 CO_2 需要几百万年才能再转变为石化能的过程相比，生物柴油燃烧与生物柴油原料生产形成了一个相对较快的生物碳循环。由于生物柴油燃烧时排放的 CO_2 要远低于该植物生长过程中所吸收的 CO_2，总体表现为吸收更多的 CO_2，有利于改善全球变暖等重大环境问题。有关研究表明，生物柴油与传统柴油相比，其温室气体排放量可以减少 20% 以上。在全生命周期过程中，生物柴油的总能耗低于传统柴油。

生物柴油的上述优良环保特性表明，使用生物柴油作为燃料的车辆不仅能够轻松满足欧洲 Ⅱ 阶段机动车排放标准，甚至能满足更严格的欧洲Ⅲ阶段机动车排放标准。因此，生物柴油是一种真正的绿色环保柴油。

四、生物柴油的社会效益

1. 缓解能源压力，优化能源结构

由于面临能源危机，生物柴油作为一种来源稳定的可再生清洁能源，在世界各国迅猛发展。2018 年欧盟生物柴油产量为 1 250 万吨，2019 年美国生物柴油产量为 600 万～650 万吨，巴西、印度尼西亚、日本、加拿大等国家也在积极发展生物柴油产业。能源短缺的我国更应大力发展这一新兴产业。2021 年 11 月，国家能源局、科学技术部颁布了《“十四五”能源领域科技创新规划》，要求研发并示范多种类油脂连续热化学转化制备生物柴油技术，形成以生物质为原料高效合成、转化生产交通运输燃料、低碳能源产品技术体系。2022 年，国家发展和改革委员会、国家能源局发布的《“十四五”现代能源体系规划》明确指出要大力发展纤维素燃料乙醇、生物柴油、生物航空煤油等非粮生物燃料。

2. 调整农业结构，推动木本油料林业发展

虽然我国粮食生产能力过剩，但将粮食转化成生物能源的效率和效益较低，所以可以优化种植结构，将部分种植粮食的土地和不适合种植粮食作物的荒地、沙化土地和滩涂发展为生物柴油的原料基地，这能有效缓解粮油供需矛盾和进口压力，不仅可以增加油脂产量，还可以增加土地绿化面积，调节环境气候，推动经济与生态协调发展。

3. 转化餐饮废油，保障饮食安全

2021 年，我国植物油消费量达到 6 092.5 万吨，城市餐饮行业产生的地沟油有 2 000 多万吨。国内发生过多起将地沟油当作食品油的事件。这些垃圾油一旦流入市场，会引起食物中毒甚至致癌等严重后果，对人们的身体健康造成严重威胁。2017 年 4 月，国务院办公厅印发《关于进一步加强“地沟油”治理工作的意见》，要求研究废弃物无害化处理和资源化利用实用技术，加强地沟油治理工作。目前我国形成了以地沟油为主要原料生产生物柴油的工业技术，其流程简单，反应较快，成本相对较低，可使能源消耗合理分布，同时实现了废弃物的回收利用。

4. 提高副产品利用率，增加经济收入

生物柴油产业的发展将会推动木本油料林木的种植，这会使农民增收。榨油时产生的油渣、棉花种植产生的棉籽，以及修剪茶树被剪掉的茶籽等副产品的利用会给农民带来可观的收入。此外，生物池在熬油过程中会产生 10% 左右的副产品甘油，这种甘油一般含有较多杂质，价格相对低廉。这部分甘油可以精制后进入传统的甘油市场或是生物燃料市场，还可以作为原料制备 1,3- 丙二醇、环氧氯丙烷等高附加值产品。

目前，生物柴油在欧美国家被广泛地与化石柴油掺混使用，相关国家也制定了强制添加标准。除交通燃料领域外，生物柴油还可直接作为工业锅炉燃料替代煤炭等能源为企业提供生产所需的能源，其社会效益显著。

五、B5 车用柴油（Ⅵ）技术要求和试验方法

B5 车用柴油（Ⅵ）技术要求及试验方法见表 5-1。

表 5-1　B5 车用柴油（Ⅵ）技术要求及试验方法

项　目	质量指标 5 号	质量指标 0 号	质量指标 -10 号	试验方法
氧化安定性（总不溶物含量）/（mg/100 mL）　不大于	2.5			SH/T 0175
硫含量 /（mg/kg）　不大于	10			SH/T 0689[a]
酸值（以 KOH 计）/（mg/g）　不大于	0.09			GB/T 7304[b]
10% 蒸余物残炭[c]（质量分数）/%　不大于	0.3			GB/T 17144
灰分（质量分数）/%　不大于	0.01			GB/T 508
铜片腐蚀（50℃, 3 h）/ 级　不大于	1			GB/T 5096
水含量（质量分数）/%　不大于	0.030			SH/T 0246
总污染物含量 /（mg/kg）	24			GB/T 33409
运动黏度（20℃）/（mm^2/s）	2.5～8.0			GB/T 265
闪点（闭口）/℃　不低于	60			GB/T 261

续表

项　目		质量指标			试验方法
		5号	0号	-10号	
冷滤点[d]/℃	不高于	8	4	-5	SH/T 0248
凝点 /℃	不高于	5	0	-10	GB/T 510
十六烷值	不小于	51			GB/T 386
密度（20℃）/（kg/m^3）		810～845			GB/T 1884 GB/T 1885[e]
馏程： 50% 回收温度 /℃ 90% 回收温度 /℃ 95% 回收温度 /℃	 不高于 不高于 不高于	 300 355 365			GB/T 6536
润滑性： 校正磨斑直径（60℃）/μm	 不大于	460			SH/T 0765
脂肪酸甲酯（FAME）含量（体积分数）/%	大于 不大于	1.0 5.0			GB/T 23801[f]
多环芳烃含量（质量分数）/%	不大于	7			GB/T 25963[g]

[a] 可用 GB/T 11140、SH/T 0253 和 ASTM D7039 方法测定，结果有争议时，以 SH/T 0689 方法仲裁。

[b] 可用 GB/T 264 方法测定，结果有争议时，以 GB/T 7304 方法仲裁。

[c] 若柴油中含有硝酸酯型十六烷值改进剂，10% 蒸余物残炭的测定，应用不加硝酸酯的基础燃料进行。柴油中是否含有硝酸酯型十六烷值改进剂的检验方法见附录 B。也可用 GB/T 268 方法测定，结果有争议时，以 GB/T 17144 方法仲裁。

[d] 对于调配当年 11 月 15 日至次年 3 月 15 日使用的 B5 柴油时，BD100 生物柴油冷滤点不得大于 8℃。

[e] 也可采用 SH/T 0604、GB/T 13377 方法测定，结果有争议时，以 GB/T 1884 和 GB/T 1885 方法仲裁。

[f] 可用 NB/SH/T 0916 方法测定，结果有争议时，以 GB/T 23801 方法仲裁。

[g] 可用 SH/T 0606 方法测定，结果有争议时，以 GB/T 25963 方法仲裁。

第六章

车用尿素相关标准介绍

一、重要定义

1. 选择性催化还原系统

指安装在柴油发动机排气系统中，通过注入还原剂，将尾气排放中的氮氧化物催化还原成氮气和水的催化转化装置。

2. AUS 32 专用尿素

指工业上生产的只含有痕量缩二脲、氨和水，不含醛和其他物质（如抗结块剂），不含硫和硫化物、氯化物、硝酸盐和其他化合物的尿素。

上述污染物在尿素生产过程中都会产生影响。要严格控制含量和测试方法。作为农业生产用的尿素通常含有上述化合物。

3. 纯水

指用单次蒸馏、去离子化、超滤或反渗透等方法制取的符合《分析实验室用水规格和试验方法》（GB/T 6682）规定的三级水。

4. 氮氧化物还原剂——尿素水溶液（AUS 32）

指用不含其他任何添加物的 AUS 32 专用尿素溶于纯水配制的水溶液，其中尿素含量为 32.5%（质量分数），简称尿素水溶液（AUS 32）。

二、车用尿素水溶液降低氮氧化物排放的原理

2013 年 5 月，国家质量监督检验检疫总局和国家标准化管理委员会联合发布《柴油发动机氮氧化物还原剂　尿素水溶液（AUS 32）》（GB 29518—2013）标准，对尿素水溶液的技术要求、试验方法、检验规则等提出了要求。

为有效降低柴油车氮氧化物的排放，我国大部分柴油车采用选择性催化还原（SCR）技术路线来进行尾气处理。SCR 的原理是在催化剂的作用下利用还原剂有选择性地将 NO_x 还原为 N_2，从而有效去除 NO_x。SCR 技术根据还原剂的不同，又可分为氨选择性催化还原 NO_x（NH_3-SCR）和碳氢化合物选择性催化还原 NO_x（HC-SCR）。

目前市场上以氨选择性催化还原为主，一般把尿素水溶液（AUS 32）作为还原剂，也就是俗称的“添蓝”。尿素水溶液喷射进入排气管，当温度达到 200℃以上时，发生水解和热解反应，释放 NH_3 进入载体，NH_3 和 NO_x 在还原催化剂的作用下，

反应生成 N_2 和 H_2O。氨选择性催化还原的 SCR 系统，存在氨泄漏的风险。为避免氨逃逸造成二次污染，通常在 SCR 系统后端增加氨逃逸捕集器（ASC）对 NH_3 进行处理。

SCR 技术具有燃油经济性好、对发动机改动小、对燃油和机油品质质量要求较低、有利于技术连续升级等优势，且 SCR 催化器耐久性好，不存在堵塞的风险。因此尿素水溶液（AUS 32）成为能够使柴油车的氮氧化物排放达到标准的必备产品。

三、车用尿素浓度

在 SCR 还原系统中，尿素溶液的浓度是关键因素之一，尿素含量直接影响汽车排放的 NO_x 的转化效率和尿素溶液的凝固点。尿素浓度过高或过低不仅无法提高 NO_x 的转化效率，还会造成氨气的流失，形成二次污染物。选用浓度为 32.5% 的尿素水溶液，是由尿素水溶液的物理特性和自身存储性决定的，该浓度尿素水溶液的冰点温度最低（约为 -11℃），不易结冰且适应范围最广。研究表明，32.5% 浓度的车用尿素可保持长期无沉积现象。

四、柴油发动机氮氧化物还原剂——尿素水溶液（AUS 32）的技术要求和试验方法

2013 年 5 月，国家质量监督检验检疫总局和国家标准化管理委员会联合发布《柴油发动机氮氧化物还原剂　尿素水溶液（AUS 32）》（GB 29518—2013）标准，对尿素水溶液的技术要求、试验方法、检验规则等提出了要求，见表 6-1。

表 6-1　柴油发动机氮氧化物还原剂——尿素水溶液（AUS 32）的技术要求和试验方法

项　目		质量指标	试验方法
尿素含量[a]（质量分数）/%		31.8～33.2	附录 A[d]
密度[b]（20℃）/（kg/m^3）		1 087.0～1 093.0	SH/T 0604[e]
折光率[c] $^{20}n_D$		1.381 4～1.384 3	GB/T 614
杂质含量	碱度（以 NH_3 计）（质量分数）/%　不大于	0.2	附录 B
	缩二脲（质量分数）/%　不大于	0.3	附录 C
	醛类（以 HCHO 计）/（mg/kg）　不大于	5	附录 D
	不溶物 /（mg/kg）　不大于	20	附录 E
	磷酸盐（以 PO_4 计）/（mg/kg）　不大于	0.5	附录 F
	钙 /（mg/kg）　不大于	0.5	附录 G
	铁 /（mg/kg）　不大于	0.5	

续表

项　目			质量指标	试验方法
杂质含量	铜 /（mg/kg）	不大于	0.2	附录 G
	锌 /（mg/kg）	不大于	0.2	
	铬 /（mg/kg）	不大于	0.2	
	镍 /（mg/kg）	不大于	0.2	
	铝 /（mg/kg）	不大于	0.5	
	镁 /（mg/kg）	不大于	0.5	
	钠 /（mg/kg）	不大于	0.5	
	钾 /（mg/kg）	不大于	0.5	
一致性确认			与参考图谱一致	附录 H
注：如果有必要向 AUS 32 中添加示踪剂，应保证示踪剂不影响 AUS 32 满足本表中的技术要求，也不会损害 SCR 系统。				
[a] 目标值 32.5%（质量分数）。 [b] 目标值 1 090.0 kg/m^3。 [c] 目标值 1.382 9。 [d] 计算时未从氮气中扣除氨。 [e] 也可使用 GB/T 1884 和 GB/T 1885，对结果有异议时，以 SH/T 0604 为仲裁方法				

五、尿素质量指标检测方法

1. AUS 32 **中尿素含量的测定（总氮法）**（GB 29518—2013 **附录** A）

（1）主要仪器设备：自动定氮仪。

（2）方法概要：样品在氧气流中高温燃烧，样品中的氮全部转化为氮氧化物。所生成的干扰成分被适当的吸收剂去除，氮氧化物被定量还原成分子氮后被热导检测器检测。尿素含量通过从总氮中扣除缩二脲中的氮计算得出。

2. AUS 32 中碱度的测定（GB 29518—2013 **附录** B）

（1）主要仪器设备：自动滴定仪。

（2）方法概要：称取适量样品，加入 100 mL 水（纯水），用浓度为 0.01 mol/L 的标准盐酸溶液滴定至终点（pH 为 5.7），进而计算样品中的碱度（以 NH_3 计）。

3. AUS 32 中缩二脲的测定（GB 29518—2013 **附录** C）

（1）主要仪器设备：分光光度计。

（2）方法概要：在酒石酸钾钠的碱性溶液中，缩二脲与二价铜反应生成一种紫红色化合物，该化合物在分光光度计波长 550 nm 处有最大吸收峰。用分光光度计在 550 nm 处测定该紫红色化合物的吸光度，再根据缩二脲标准溶液绘制成的标准曲线计算缩二脲的浓度。

4. AUS 32 中醛类的测定（GB 29518—2013 **附录** D）

（1）主要仪器设备：分光光度计。

（2）方法概要：甲醛在浓硫酸溶液中与变色酸生成紫色化合物，该化合物在波长 565 nm 处有最大吸收峰，用分光光度计检测样品在 565 nm 处的吸光度，然后根据标准曲线计算样品中醛的含量。

5. AUS 32 中不溶物含量的测定（GB 29518—2013 附录 E）

（1）主要仪器设备：真空过滤装置、烘箱。

（2）方法概要：使用重量法计算通过滤膜过滤后的样品，进而得出 AUS 32 中不溶物的含量。

6. AUS 32 中磷酸盐含量的测定（GB 29518—2013 附录 F）

（1）主要仪器设备：分光光度计。

（2）方法概要：将样品与碳酸钙一起蒸发灼烧，使磷酸盐富集。然后用盐酸使磷酸盐转化为正磷酸盐。在酸性环境下，正磷酸盐离子与钼酸盐和锑离子反应，形成的锑磷钼化合物与抗坏血酸反应生成亮蓝色的络合物钼蓝。使用分光光度计在波长 800 nm 处检测这种颜色的强度来计算正磷酸盐离子的浓度，进而得出 AUS 32 中磷酸盐的含量。

7. AUS 32 中金属含量的测定（GB 29518—2013 附录 G）

（1）主要仪器设备：电感耦合等离子体发射光谱仪（ICP-OES）。

（2）方法概要：样品使用灰化法（蒸干后在马弗炉灰化）或直接进样法（样品与水按 1∶5 稀释）进行前处理后，采用电感耦合等离子体发射光谱法测定痕量金属元素，通过标准曲线定量分析样品中的金属含量。

8. AUS 32 一致性的测定（GB 29518—2013 附录 H）

（1）主要仪器设备：傅里叶变换红外光谱仪（FTIR）。

（2）方法概要：使用傅里叶变换红外光谱仪已有谱图对比光

线透射过尿素溶液薄层时被特定波长的红外线吸收，可确定尿素水溶液 AUS 32 的一致性。也可选择适当的衰减全反射法。

9. AUS 32 折光率的测定（GB/T 614）

（1）主要仪器设备：阿贝型折射仪或自动数字显示折射仪。

（2）方法概要：使用阿贝型折射仪或自动数字显示折射仪计算光从尿素水溶液 AUS 32 中穿过进入已知折光率的棱镜后的折射角，得出被测尿素水溶液 AUS 32 的折光率。

10. AUS 32 密度的测定（GB/T 1884 和 GB/T 1885；SH/T 0604 仲裁）

（1）主要仪器设备：全自动密度计或手动密度计。

（2）方法概要：将手动密度计浸泡在被测尿素水溶液中，待稳定后读取密度数值；使用注射器将尿素水溶液注入全自动密度计计算密度值。

11. AUS 32 取样和运输

为了确保样品在分析前没有受到任何污染，从而获得有代表性的分析结果来判断 AUS 32 各项指标是否满足质量要求的限值，应使用适当的容器进行采样，既不污染样品（特别是痕量元素），又能最大程度避免藻类和细菌生长。

使用高密度聚乙烯（HDPE）、高密度聚丙烯（HDPP）、聚氟乙烯（PVF）或可熔性聚四氟乙烯（PFA）材质的 1 000 mL 广口瓶和大小合适的取样管（第一次采样前用去离子水和 AUS 32 进行冲洗）进行采样。应在最短时间内将样品送至实验室进行分析。在运输过程中尽可能使样品处于低温环境（0～15℃），避光防止藻类生长。样品应尽可能在三周内进行分析以避免氨含量变化。

所有与 AUS 32 直接接触的表面上都不能有燃油、机油、润滑脂、洗涤剂、灰尘等其他物质。为防止 AUS 32 被微量元素、灰尘和杂质污染，应用蒸馏水或去离子水清洗非专用设备的表面；若没有蒸馏水或去离子水，可先用自来水冲洗，最后使用 AUS 32 进行冲洗。应保证最后冲洗所用的 AUS 32 满足 GB 29518—2013 中规定的痕量元素的要求。

第七章

车用油品硫含量与车用尿素检测设备介绍

一、车用油品硫含量实验室检测设备

1. 实验仪器——紫外荧光硫含量测定仪

紫外荧光硫含量测定仪（图 7-1）可对硫含量在 1～3 000 mg/kg 的汽柴油样品进行检测，包括硫含量标准曲线的绘制、油样的处理方法、分析流程和质量保证等。

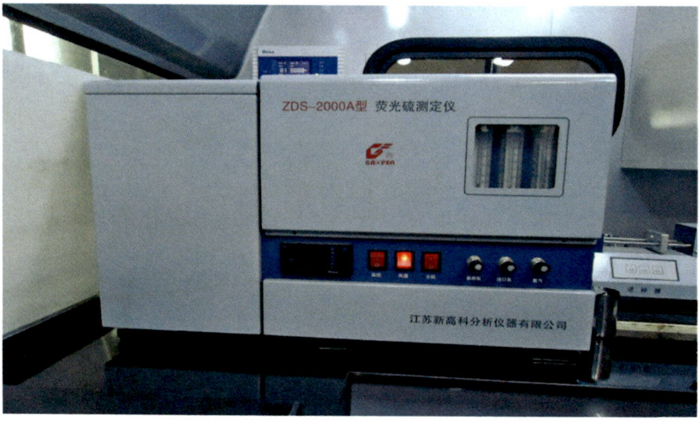

图 7-1　紫外荧光硫含量测定仪

2. 标准依据

紫外荧光硫含量测定仪按照中华人民共和国石油化工行业标准《轻质烃及发动机燃料和其他油品的总硫含量测定法（紫外荧光法）》（SH/T 0689—2000）中规定的设备要求进行设计，分为主控制系统、高温裂解炉、自动进样器、计算机和打印机等部件。

3. 检测原理

进样器将试样送至高温燃烧管，在富氧条件中，硫被氧化成稳定态的二氧化硫。试样燃烧生成的气体在除去水后被紫外光照射，二氧化硫吸收紫外光的能量转变为激发态的二氧化硫。当激发态的二氧化硫返回稳定态的二氧化硫时，发射与原样品中的硫含量成正比的荧光，并由光电倍增管按特定波长检测接收，再经微电流放大器放大，通过计算和数据处理转换为与光强度成正比的电信号。使用该仪器调用相应的硫含量标准曲线进行样品分析，即可测出未知样品中的硫含量。

二、车用油品硫含量快速检测设备介绍

1. 车用油品硫含量快速检测设备的开发

《车用汽油》和《车用柴油》标准作为国家强制性标准，所有市售汽柴油均应符合其质量指标限值要求，市场监督管理等

部门依照标准对相关产品进行监督检查。在实际监管过程中，由于硫含量等部分指标检测时间长、测试费用高和各地政府预算有限等原因，相关部门对加油站等燃油销售环节监管频次较低，部分偏远地区的加油站几乎疏于监管，使劣质燃油销售有漏洞可钻，市售燃油质量存在不达标现象，因查封不及时导致不合格的油品流入使用环节对相关车辆造成污染。

为了提升对车用油品硫含量的监管能力和监管效率，近年来设备厂商研制开发出具有检测时间短、携带方便、费用低、检测效率高等特点的硫含量快速检测仪器。

2. 车用油品硫含量快速检测设备检测原理

车用油品硫含量快速检测仪是一款利用晶体分光技术的单波长激发——能量色散型 X 荧光光谱分析仪（图 7-2）。传统的能量色散型 X 荧光光谱仪（ED XRF）不经过分光晶体，直接通过能量探测器分辨元素的特征谱线，从而完成定性和定量分析，但因 ED XRF 分析仪器灵敏度不高，所以不能分析较低含量的硫元素。车用油品硫含量快速检测仪使用全聚焦型双曲面弯晶技术将来自光管的 X 射线进行单色化聚焦，消除光管连续谱线散射背景的干扰，同时对轻元素 S、Cl 等产生高效激发，提高检测结果的精准度，可对车用汽油、柴油、润滑油、煤油等产品从其由原料油变成成品油的过程进行硫含量检测，检测硫浓度为 0.2 mg/kg～50 000 mg/kg，分析方法和精密度符合 ASTM D 7039、ISO 20884、SH/T 0842、GB/T 11140 等标准要求。

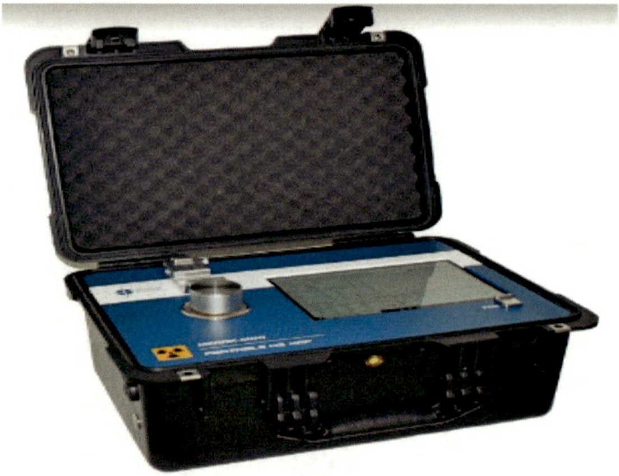

图 7–2　车用油品硫含量快速检测仪

3. 样品检测方法

（1）样品制备。

用移液管提取 1～1.5 mL 的待测油品放入样品杯中，将样品杯覆膜并推到底部，杯口朝下放入仪器样品池。检测汽油样品时需在样品杯底面打 1～2 个孔（图 7–3）。

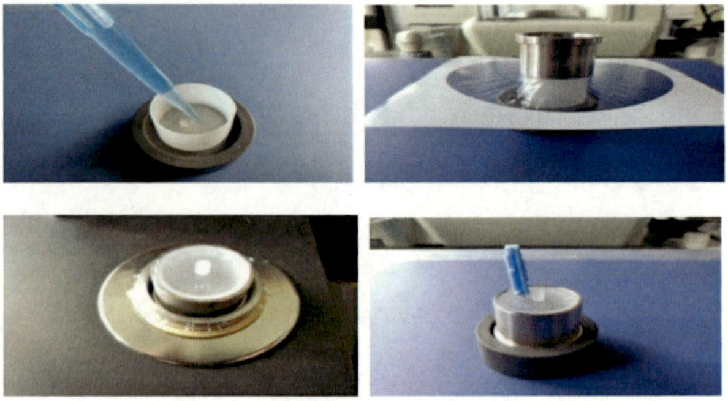

图 7–3　车用油品硫含量快速检测仪样品制备

（2）仪器开机。

向上推动按钮打开 PAD（检测仪），进入桌面后按动电源按钮，接通主机电源。

登录后，软件默认进入操作员模式界面，仪器处于待测状态显示“已联机”，并显示管压、管流、快慢计数等信息。

（3）样品检测。

关闭样品池盖，输入样品编号，点击“测未知样”，仪器将自动进行样品测试，测试时间约为 3 min。测试完成后，软件界面自动弹出检测结果，点击“OK”进行保存。

三、车用尿素快检设备介绍

1. 设备介绍

市场上车用尿素快检设备（数显尿素折射仪或车用尿素浓度计）种类很多，其原理基本相同，大多是基于微处理器的光学仪器，能够准确地测量柴油机专用尿素水溶液（AUS 32）的折射率和浓度。仪器小巧轻便、使用简单、准确率较高，极大地方便了车用尿素质量现场监督抽检。

2. 显示与按键

（1）显示介绍。

车用尿素快检设备有一个 LCD 主要显示区、一个温度显示区、一个功能显示区，见图 7-4。

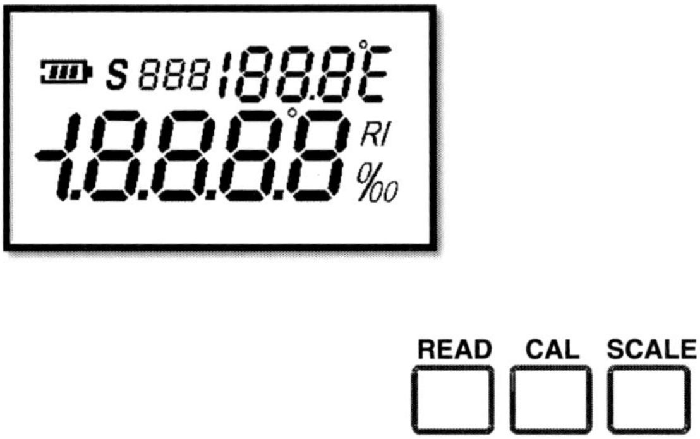

图 7-4　车用尿素快检设备显示与按键

（2）按键介绍。

① READ 键：开机 / 测量键。

第 1 次按键后仪器开机，仪器开机后再次按键进行测量。

② CAL 键：校准键。

使仪器进入零点校准模式。

③ SCALE 键：刻线 / 温度单位切换键。

可以切换显示仪器的不同刻线。

3. 调零校准

（1）用蒸馏水或自来水清洁棱镜表面。

（2）滴入约 0.3 mL 的水至棱镜表面。

（3）按“START”键一次，若显示“0.0%”，表明调零成功。

（4）若显示的不是“0.0%”，按“ZERO”键重新调零。

（5）调零完成后，用软布或纸巾擦干净棱镜上的水，即可进行样品测试。

4. 测试样品

（1）清洁棱镜表面。

（2）滴入约 0.3 mL 的被测样品至棱镜表面。

（3）按“START”键，显示器显示测试值。

（4）按住“START”键 2 s 以上可将设备关机。

（5）擦去样品，滴水至棱镜并擦干。

若样品温度与棱镜表面的温度不一样，应先将样品放置在棱镜表面一段时间再测量。

第八章

车用油品检查要点

一、加油站市售油品检查要点

1. 加油站信息核查

检查人员对加油站地址、GPS 定位、加油站外观、加油环境、营业执照、危险化学品经营许可证、成品油零售（批发）经营批准证书等资料进行查验，并将以上所有资料记录、拍照上传至检查软件，同时记录加油站联系人及其联系方式。若加油站缺失证件，应详细询问情况并在检查软件中记录；若无检查软件，可采用纸质登记表记录，模板见表 8-1。

表 8-1　车用燃料抽测样品登记表

检查人员：____________　　　检查日期：____________

城市区县						
加油站名称						
加油站地址						
加油站性质	中石化□　中石油□　中海油□　社会□					
营业状态	营业□　暂停□　停业□					
经度			纬度			
加油站联系人			加油站联系电话			
样品编号						
油品类型						
油品标号						
加油机号						
加油枪号						
地下罐号						
采样数量						
被检查单位负责人签名			被检查单位负责人联系方式			
检查人员签名						
备注						

2. **样品采集**

（1）样品采集过程中应有两名以上（含两名）检查人员和加油站工作人员同时参加。

（2）在加油站卸油期间不应进行样品采集工作，卸油结束并等待 30 min 后再进行样品采集。

（3）样品容器应为清洁干燥且具有结构密封、不易挥发、抗压力特性的棕色玻璃瓶或金属容器（不含铅、锌材质）。

（4）样品采集前，加油机应至少放出 4 L 样品，以冲洗加油枪管线，冲洗完毕后用样品对样品容器进行润洗。

（5）采集柴油样品时，为防止柴油样品飞溅和挥发，应在加油枪口安装加长管，使样品缓慢地注入容器底部。

（6）每个加油站、每个加油机、每个加油枪采集两个样品，其中一个样品由检查人员带走用于检测，另一个样品作为加油站留存样品。在两个样品容器表面的合适位置用记号笔标记样品类型、加油机号、加油枪号等信息。

（7）《石油液体手工取样法》（GB/T 4756—2015）要求采集样品完成后，由检查人员立即封闭样品容器，并将容器倒置，在倒立位置保持 30 s，检查是否有泄漏发生。若观察到有泄漏发生，应更换新的密封盖并重新进行泄漏检查。确认无泄漏发生后，在样品容器的合适位置贴上已经制作好的盲样编号标签和密封条，并记录采样日期和封样人。将样品放置在阴凉避光处保存，加油站留存的样品只需用密封条密封即可。

（8）样品采集过程中，在检查软件中记录对应样品的油品类型、油品标号、加油机号、加油枪号、地下罐号、采样数量等信息，并将所采样品对应的加油机、加油枪、加油过程及带有盲样编号标签和密封条的样品（含留存样品）拍照并上传至检查软件。要求照片中能清晰显示盲样编号标签及密封条上的文字和数字。

（9）双方按照要求填写样品采集单，样品采集完成后由双方签字确认，保留原件并拍照上传至检查软件。

（10）检查所有信息是否填报完整，如有缺漏应及时补充。

3. 样品运输与保存

（1）加油站样品由检查人员安排危险品运输车运往检测机构。

（2）为保持样品的完整性，样品不应转移或组合，应使用初始样品容器运送至检测机构。样品运输过程中应防火、防晒、防雨淋、防雷电、防受潮。

（3）样品保存时应防火、防晒、防雨淋、防雷电、防受潮，并保持通风。

4. 样品检测

（1）样品检测分现场快速检测和检测机构检测。

（2）可利用车载移动检测车装配的硫含量快速检测仪，对样品进行现场快速检测。

（3）检测机构根据标准检测方法对样品进行检测，必要时进行复检。

（4）检测结果应及时上传至检查软件。

5. **样品处置**

分析后的剩余样品保留至检查结束后，按危险废物相关管理要求，统一委托有资质的单位进行无害化处置。

6. **信息记录上传**

将上述采样信息准确记录在检查软件上。

7. **安全要求**

（1）样品在采集、运输和保存过程中均应严格遵守《危险化学品安全管理条例》和相关法律、法规及标准的规定。

（2）检查人员进入加油站，应严格遵守加油站的安全管理规定。

（3）采样时应穿戴防静电服，站在上风口位置，避免吸入石油蒸气。

（4）在采样前，检查人员应消除静电。

（5）在雷电干扰、冰雹雨雪天气和沙尘环境下不应进行样品采集。

8. **问题交办**

在现场快速检测过程中，如果检测发现样品有超标问题，则应立即询问加油站该样品来源信息，并联系有资质的检测机构对问题样品取样进行实验室检测，同时提请当地工作人员封存问题加油机及地下罐，并根据实验室检测结果进行相应处理或处罚。

加油站现场采样、保存、运输和实验室检测见图 8-1。

图 8-1　加油站采样、保存、运输和实验室检测

二、黑加油站点及流动加油车检查要点

1. 黑加油站点

正规加油站应该有加油站营业执照、危险化学品经营许可证、成品油零售特许经营许可证三类证照。若出现以下情况，即可判断加油站为黑加油站点。

（1）无任何证照。

（2）上述三类证照不全。

（3）证照企业名称不一致。

（4）危险化学品经营许可证、成品油零售特许经营许可证过期。

（5）超出成品油零售特许经营许可证范围。

2. 流动加油车

检查安装计价器的流动加油车是否有营业执照、危险化学品经营许可证、成品油零售（批发）经营批准证书、道路运输经营许可证、危险品运输资格证、危化品押运资格证以及经有关部门批准的许可证明等资质。若没有，判定该流动加油车为黑加油车。

成品油销售、运输企业或企业自用的小额配送，除上述证照外还必须随车持有车辆及司押人员的资质证明（押运员证、特种行业证）、成品油配送合同、购油出库证明、企业购油单据等。

黑加油站点及流动加油车隐蔽性较强、流动性较大，常见于物流园、运输公司、交通工程公司、建材公司、机械维修或配件店、混凝土搅拌站、重型车汽修厂等需要用到柴油重型车的公司内，以及国、省、县和乡镇、村庄的道路两旁，因此查找比较困难，需要检查人员有较丰富的经验和犀利的眼光。检查人员可通过以下手段查找。

（1）充分利用群众举报及大数据推送点位查找。

（2）利用同行（合规加油站）提供的信息查找。

（3）重点关注隐蔽的大院、物流园区、施工工地、车辆停放场地等地的可疑建筑及车辆。

（4）关注加油站后院。

（5）关注汽修厂附近的可疑车辆等。

3. 信息记录要求

检查人员在发现黑加油站点及流动加油车时，在保证人身安全的前提下，开展以下相关工作。

（1）记录黑加油站点及流动加油车所处的环境。

（2）记录加油设备和加油台账。

（3）若正在加油，记录加油过程。

（4）记录流动加油车车牌。

（5）若有证照，记录相关证照。

（6）采集部分柴油样品。

三、柴油货车及非道路移动机械油箱油品检查要点

1. 检查地点的确定

联系生态环境主管部门，并取得市场监督管理、商务、交通、住建等部门的配合后，可在路检点、物流园区、厂区、施工工地等地开展检查。其中柴油货车油箱油品抽样一般在路检点、物流园区或较大型工厂附近进行，非道路移动机械油箱油

品抽样一般在施工工地或工厂厂区内进行。

2. 采样车辆信息记录上传

记录采样点的名称、位置定位信息，对车辆的车牌号、行驶证、外观进行拍照记录，对非道路移动机械的外观、编码等信息进行拍照记录，并上传至检查软件。若无检查软件，可采用纸质登记表记录，模板见表 8-2 和表 8-3。

表 8-2 车辆检查信息表

车辆基本信息		采样 / 检测信息	
号牌号码		样品编号	
车辆类型		采样 / 检测时间	
品牌型号		采样 / 检测地点	
VIN		上次加油地点	
发动机号码		上次加油时间	
注册日期		硫含量结果	
MIL 灯是否点亮		排放检测结果	
照片	备注：外观（含车牌）、行驶证、环保随车清单、采样 / 检测照片		

表 8-3 机械检查信息表

机械基本信息		采样 / 检测信息	
机械环保编码		样品编号	
内部号牌		采样 / 检测时间	
PIN 码		采样 / 检测地点	
机械类型		上次加油地点	

续表

机械基本信息		采样 / 检测信息	
机械型号		上次加油时间	
出厂日期		硫含量结果	
所属单位		排放检测结果	
照片	备注：外观（含车牌）、铭牌、采样 / 检测照片		

3. 样品采集

（1）样品采集过程中应有两名以上（含两名）检查人员及车辆和非道路移动机械所有人或使用人同时参加。

（2）采样器应便于携带，易于操作使用。为防止样品交叉污染，尽量做到一次性使用。建议选择车辆油箱手动抽油器等产品，并使用白色透明软管，便于采样时观察。

（3）若样品需要留存，可使用 2 L 铁桶保存。现场检测不需留样时可使用一次性采样容器。

（4）在条件允许的情况下，可使用车载移动检测车装配采样器和样品容器以及检测仪器，前往采样地点进行样品采集和现场快速检测工作。

（5）在车辆和非道路移动机械所有人或使用人的配合下，打开油箱盖，查看有无滤网，查看是否能从油箱直接采样，若不能，则根据具体情况决定是否继续采样。

（6）取一只未使用过的采样器，注意采样器标注的流向，将透明软管插进油箱，另一端连接样品容器，按要求进行采样。

采样完成后封闭样品容器并对样品进行编号，等待检测。将样品编号、样品颜色等信息拍照记录上传至检查软件。

4. 样品运输与保存

确认样品无误后，由检查人员安排危险品运输车将其运往检测机构。

5. 样品检测

（1）样品检测分为现场快速检测和检测机构检测。

（2）样品现场快速检测可利用车载移动检测车装配的硫含量快速检测仪，每个样品检测所需时间约为 5 min。

（3）检测机构根据标准检测方法进行硫含量检测。

（4）检测结果应及时上传至检查软件。

6. 样品处置

分析后的剩余样品保留至检查结束后，统一委托有资质的单位进行无害化处置。

7. 信息记录上传

将上述采样信息准确记录在检查软件中。

8. 质量保证和控制

针对现场快速检测，在检测前对车载移动检测车上装配的硫含量快速检测仪进行仪器校准，分析样品前应对校准空白样品进行测定，对分析样品进行多次检测，以获得较高的准确度。

9. 安全要求

（1）样品在采集、运输和保存过程中均应严格遵守《危险化学品安全管理条例》和相关法律、法规及标准的规定。

（2）进行车辆油样采集时，采样人员应穿戴反光背心，夜间佩戴爆闪灯，不要私自拦截车辆，时刻注意交通安全。采样过程中避免车辆集中停放，以免堵塞交通。进行非道路移动机械油样采集时，注意上下安全，必要时可要求非道路移动机械所有人或使用人协助完成。

10. 问题交办

在现场快速检测过程中，如果发现样品有超标问题，则应立即询问司机该样品的来源信息，并联系有资质的检测机构对问题样品进行实验室检测。同时提请当地工作人员全力溯源上游供货企业，力争查处违法生产和销售超标柴油行为。

柴油货车油箱柴油现场采样和快速检测见图 8-2，非道路移动机械油箱柴油样品现场硫含量快速检测结果见图 8-3。

图 8-2　柴油货车油箱柴油现场采样和快速检测

图 8-3 非道路移动机械油箱柴油样品现场硫含量快速检测结果

四、车用尿素检查要点

1. 包装检查

盛装车用尿素的容器应标识清楚，至少应包括以下内容。

（1）产品名称、包装规格、产品标准编号（AUS 32；GB 29518）。

（2）产品出厂日期。

（3）生产厂名、地址、联系方式。

2. 产品质量检查

对所取样品用尿素含量快速检测仪进行现场检测，若现场检测不合格，则取样送实验室复检。

五、车用柴油安全管理要求

2022 年 11 月，应急管理部会同工业和信息化部、公安部、生态环境部等十部门发布正式公告调整修订《危险化学品目录（2015 版）》，将“1674 柴油［闭杯闪点≤60℃］”调整为“1674 柴油”，以后所有柴油的生产、经营、使用都需按照危险化学品执行相关行政许可。

对柴油的危险化学品认定进行调整后，其适用的安全管理条件进一步加严，有利于储油单位加强对柴油的安全监管。由于柴油属于复杂的烃类化合物，调整前的《危险化学品目录（2015 版）》中是仅针对闭杯闪点≤60℃的柴油，而国标中各标号柴油的闪点普遍在 45℃以上，0 号柴油闪点更是不低于 60℃，这就造成大部分柴油不属于危险化学品，容易导致安全监管的缺位，最终导致事故的发生。

柴油全部列入危险化学品管理后，经营或储存柴油过程中不将柴油按照危险化学品管理和未办取危险化学品经营许可证的个人或企业将受到严厉打击。而以内部自用加油站的名义（如物流公司内部车辆加油）进行对外经营或贸易的企业往往不具备危险化学品管理能力与资质。应急管理部发布的公告实施后，这些企业将面临危险作业罪、非法经营罪的刑事责任追究。

从事成品油经营业务的企业须依法取得应急管理部门的危险化学品经营许可和商务部门的成品油零售经营资格，未取得许可擅自从事成品油经营活动的，由发证部门依法予以查处。

柴油被列为危险化学品后，开展车用柴油检查工作涉及的采样、运输、储存等相关事项可参考执行《石油液体手工取样法》《危险化学品安全管理条例》《危险化学品仓库储存通则》等国家标准规定的安全管理技术要求。

第九章

典型案例分析

一、加油站典型案例

【案例 1】听到风声，加油站提前准备

某些加油站听到检查风声后，会提前对加油站拉闸限电，致使加油机无法正常工作（图 9-1），或提前对加油站封闭管理，伪装加油站停业，以此逃避检查部门对加油站的检查（图 9-2）。

图 9-1　检查现场发现拉闸限电的加油站

图 9-2 检查现场发现伪装停业而实际油气回收装置运行的加油站

【案例 2】检测超标，加油站偷换留样

在某次油品专项检查过程中，检查人员对某加油站进行取样留样工作。经两家有资质的第三方检测机构分别对样品进行初检和复检后，均发现该加油站柴油样品硫含量不合格。检查人员在对加油站下达处罚和整改通知时，加油站负责人提出异议，要求对留样进行检测。经检查人员对比核查，发现专项检查时样品照片与加油站提供的留样照片严重不符。该加油站妄想通过使用相同的铁皮桶容器、封签、标识，并注入合格柴油伪造专项检查留样样品，规避处罚。如图 9-3 所示，该加油站伪造的留样标识与现场检查留样不符。

图 9–3　加油站篡改标识，私自更换留样样品

【案例 3】提供过期发票等虚假证据材料

销售劣质油品的加油站，通常会留存一张中石化或中石油的进油发票，以备检查。当被查出其销售不合格油品时，加油站就会出示该发票给检查人员，谎称其是从中石化或中石油油库采购的油品，以此推卸责任。此时检查人员应仔细核对发票的时间，了解加油站的日销量，并通过查看卸油记录、视频监控等手段，揭穿加油站的欺瞒行为。

二、黑加油站点典型案例

【案例 1】隐藏在路边大院里的黑加油库

检查人员发现，某路边大院货车来往频繁，但此处并无物流园区、建筑工地等用车大户，而路过时会闻到空气中弥漫着柴油味，故检查人员进入大院进行检查。映入眼帘的是一个大型黑加油库，地面全是加油残留的油渍（图 9-4）。

图 9-4　隐藏在路边大院里的黑加油库

【案例 2】伪装成民房的加油站

检查人员在城乡接合部的省道上发现一台加油机设置在一户民房的卷帘门内，经上前询问，发现该加油站无任何营业执照和成品油销售手续，故判定其为黑加油站（图 9-5）。

图 9–5 伪装成民房的加油站

【案例 3】藏匿于物流园、工地内的黑加油点

检查人员在检查物流园与工地内的非道路移动机械时，发现地面有蜿蜒的油管，油管尽头藏有安装计价器的加油枪（图 9–6）。

图 9–6 藏匿于物流园、工地内的黑加油点

【案例 4】隐藏于乡村内的加油点

一辆辆农用机械在排队加油，而门口并无加油站标识，经询问，该站点无任何经营手续（图 9-7）。

图 9-7　隐藏于乡村内的加油点

【案例 5】伪装成厕所的加油点

原本应该恶臭无比的厕所竟然飘出阵阵“油香”，检查人员通过敏锐的嗅觉发现了其中的异常。经现场检查，检查人员发现该厕所内藏有一台加油机，经营者专给熟人加油，加油前须先对暗号（图 9-8）。

图 9-8　伪装成厕所的加油点

三、流动黑加油车典型案例

【案例 1】伪装成城市绿化车的流动加油车

城市绿化变城市“炸弹”，一辆喷有“城市绿化”字样的洒水车漫无目的地在街道上游荡着，人们却从未见这辆车洒出一滴水，其车身也被油渍覆盖。检查人员发现，当它停靠在偏僻的角落时，它的伪装就被撕下，成为一辆“黑油车”（图 9-9）。

图 9-9　伪装成城市绿化车的黑加油车

【案例 2】安装了加油机的危险品运输车

国省道和施工工地上常见的中型油罐车有时也会变成加油车。当打开油罐车内的工具箱时，一台带有计价器的加油机就会暴露出来，司机熟练地抽出收缩加油管，为过往车辆加油（图 9-10）。

图 9-10　安装了加油机的危险品运输车

【案例 3】隐藏于厢式货车内的黑加油车

某些黑加油车是由厢式货车改装的。经营者在国省道旁找一个废弃的厂区或隐蔽的树林，违法干起黑加油站点的“营生”（图 9-11）。

图 9-11　隐藏于厢式货车内的黑加油车

【案例 4】隐藏于面包车内的黑加油车

黑加油车车主在面包车内加装储油罐及加油机后，就在城中村、物流园区和工地等货车集中的地方进行违法售油（图 9-12）。

图 9-12　隐藏于面包车内的黑加油车

四、柴油货车及非道路机械典型案例

【案例 1】柴油货车流动性大，溯源难

柴油货车流动性大，加油证据难以锁定等特点，使柴油货车油品溯源存在较大困难，造成柴油货车油品质量超标率居高不下。因而在检查工作中，不应以增加检查数量为目的，而要以发现问题、解决问题为出发点。在实际路检路查中，检查人员应做到拦截一辆，检查一辆，确认没有问题后再放行。发现线索应及时跟进、及时溯源。图 9-13 为检查人员在河南某路检点进行车辆油箱油品抽测时，发现该车油品硫含量超标。检查人员耐心详细地向司机讲述本次抽测目的后获得了司机的配合，

司机提供了加油源头及位置信息。检查人员最终通过前往油源处抽检复测，发现该加油站油品硫含量超标。

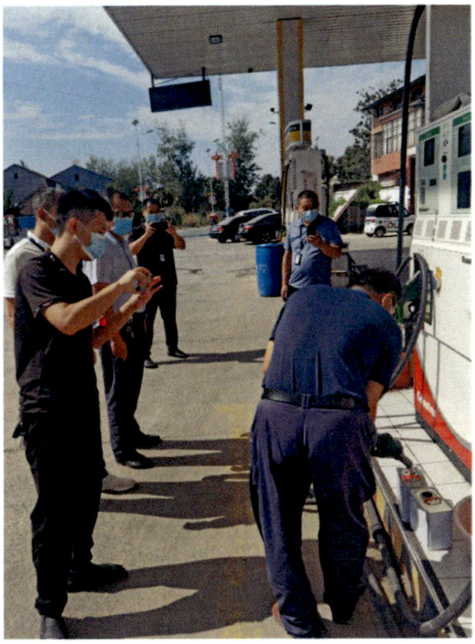

图 9-13　从货车油品倒查加油站油品

【案例 2】以中小型货车为重点检查对象

根据以往检查经验，柴油货车油品质量检查应以中小型车辆为重点检查对象，见图 9-14。主要原因是大型长途货运货车司机比较在意油品质量，检查中极少发现油品超标问题，而中小型柴油货车主要为短途运输车辆，以市内车辆居多。当地司机在利益的驱使下，更有可能私加便宜的劣质燃油。同时，因以上车辆普遍在当地添加劣质柴油，故发现问题也易于溯源。

图 9-14　检查应以当地中小型柴油货车为主

第十章

清洁油品专项行动成果

一、2017—2018 年京津冀及周边地区秋冬季大气污染综合治理攻坚行动车用油品检测专项

按照环境保护部环境监察局部署，2017 年 10 月到 2018 年 1 月，中国环境科学研究院组织人员赴京津冀及周边地区等 16 个城市开展油品专项调查。每个城市采集约 20 个柴油样品和 5 个汽油样品，共从 400 个加油站采集 319 个柴油样品、81 个汽油样品。采样加油站以民营加油站和合资加油站为主，大多分布在省道、县城、村镇附近，少量分布在国道和高速公路上。柴油采样加油站中国有加油站有 15 个、合资加油站有 12 个、民营加油站有 292 个；汽油采样加油站中国有加油站有 4 个、合资加油站有 3 个、民营加油站有 74 个。所采样品包括 0# 柴油、-10# 柴油、92# 汽油和 92# 乙醇汽油。河南省全面销售车用乙醇汽油（E10），其他城市均为车用汽油。

319 个柴油样品中有 90 个样品硫含量不达标，占柴油样品总数的 28.2%。其中 36 个柴油样品硫含量超过 1 000 mg/kg，占全部柴油样品的 11.3%。柴油硫含量超标的加油站全部为民营加油站，硫含量远高于标准要求的 10 mg/kg，超标十分严重，问题特别突出。16 个城市中有 11 个城市的柴油硫含量平均值高于标准限值要求。柴油硫含量超标严重的加油站大多地处偏远县乡，且以个体加油站为主。本次采样 -10# 柴油 43 个，平均值为 82.25 mg/kg，达标率为 74.41%；0# 柴油共采样 276 个，平均值为 207.27 mg/kg，达标率为 71.01%。两种标号样品达标率相差较小，但 0# 柴油硫含量均值明显高于 -10# 柴油，0# 柴油质量相对更差。不达标样品硫含量检测结果见图 10-1。

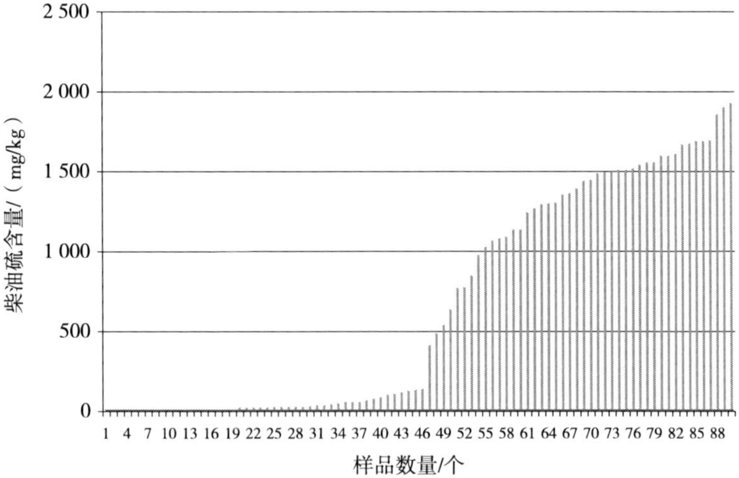

图 10-1　不达标柴油样品硫含量检测结果

总体上看，柴油样品达标数量为 228 个，达标率为 71.47%；汽油样品达标数量为 63 个，达标率为 77.78%。柴油硫含量达标率为 71.79%，平均值为 190.42 mg/kg；柴油多环芳烃含量达标率为 90.60%，平均值为 2.17%；汽油烯烃含量达标率为 97.53%，平均值为 10.49%；汽油芳烃含量达标率为 97.53%，平均值为 26.44%；汽油蒸气压达标率为 83.95%，平均值为 51.03 kPa；汽油硫含量达标率为 97.53%，平均值为 5.03 mg/kg。柴油多环芳烃含量、汽油烯烃含量、汽油芳烃含量、汽油蒸气压、汽油硫含量达标情况相对较好，其平均值均满足标准限值要求。

本次采样不达标柴油样品数量为 91 个，其中国有加油站有 2 个，合资加油站有 3 个，民营加油站有 86 个。汽油样品不达标的国有加油站有 1 个，民营加油站有 17 个。

此次柴油采样涉及的国有加油站有 15 个，占比为 4.70%，合资加油站有 12 个，占比为 3.76%，民营加油站有 292 个，占比为 91.54%；汽油采样涉及的国有加油站有 4 个，占比为 4.94%，合资加油站有 3 个，占比为 3.70%，民营加油站有 74 个，占比为 91.36%。

柴油样品国有加油站达标数量有 13 个，达标率为 86.67%；合资加油站达标数量有 9 个，达标率为 75.00%；民营加油站达标数量有 206 个，达标率为 70.55%。汽油样品国有加油站达标数量有 3 个，达标率为 75.00%；合资加油站达标数量有

3 个，达标率为 100%；民营加油站达标数量有 57 个，达标率为 77.03%。

二、2019 年重点区域清洁车用油品强化监督定点帮扶中油品抽测情况

1. 检查任务完成情况

（1）加油站任务完成情况。

调研组在京津冀及周边“2+26”城市以及秦皇岛、承德、张家口共 31 个城市启动油品采样工作，154 个检查组共完成 22 429 个加油站油品采样工作，其中 11 769 个加油站采集到柴油样品，10 660 个加油站因加油站基本信息有误、停业、不销售柴油等原因未能采样。

（2）黑加油站任务完成情况。

对京津冀及周边地区 10 个市，部分检查组启动黑加油站油品采样工作，共 14 个检查组开展 41 个黑加油站油品采样工作，其中 9 个站未能采样，32 个完成采样的黑加油站中有 11 个站属于在采样任务内但证照不全的，21 个站属于没有手续的黑加油站。

2. 采样情况

（1）加油站采样情况。

在 11 769 个加油站采集的柴油油样数量为 19 552 个，其中

社会加油站数量为 10 430 个，采样数量为 17 412 个；中石油加油站数量为 509 个，采样数量为 896 个；中石化加油站数量为 774 个，采样数量为 1 150 个；中海油加油站数量为 56 个，采样数量为 94 个。19 552 个样品已全部运送至初检机构。

（2）黑加油站采样情况。

在 32 个黑加油站采集的柴油油样数量为 45 个，已全部运送至初检机构。

3. 检测情况

本次检查的柴油样品由中石油、中石化质检中心进行初步检测，之后将超标样品送至社会第三方检测机构进行复检确认。

（1）加油站样品检测情况。

①初检情况。

初检检测机构收到加油站柴油样品数量为 19 552 个，完成 19 552 个样品初检。其中，社会加油站样品数量为 17 412 个，占比为 89.0%；中石油加油站样品数量为 896 个，占比为 4.6%；中石化加油站样品数量为 1 150 个，占比为 5.9%；中海油加油站样品数量为 94 个，占比为 0.5%。

初检样品硫含量超标样品数量为 992 个，超标率为 5.1%。超标样品中社会加油站样品数量为 986 个，超标率为 5.7%。

初检样品硫含量超标的 992 个样品中，硫含量为 10～20 mg/kg 的有 398 个，占比为 40.1%；硫含量为 20～100 mg/kg 的样品数量为 401 个，占比为 40.4%；硫含量为 100～1 000 mg/kg

的样品数量为 182 个，占比为 18.4%；硫含量在 1 000 mg/kg 以上的样品数量为 11 个，占比为 1.1%（图 10-2）。

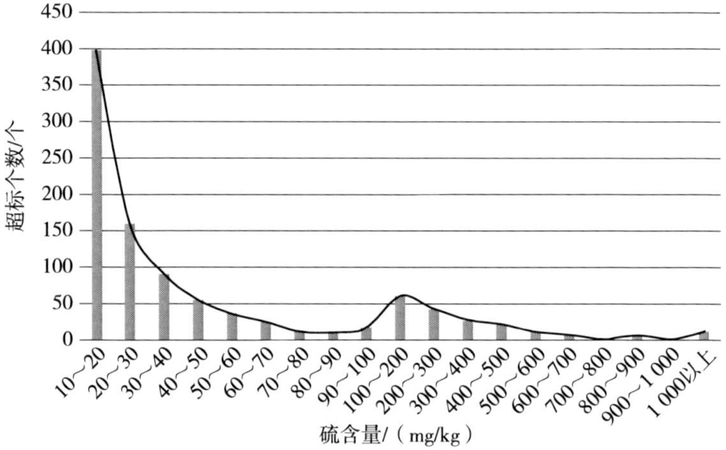

图 10-2　初检超标硫含量分布

②复检情况。

共对 992 个初检不合格样品和 2 128 个初检合格样品进行复检。复检结果显示，124 个样品复检与初检结果不符，其中，5 个初检合格样品复检结果不合格。复检共检出 878 个不合格样品，全部为社会加油站样品。

硫含量超标的 878 个复检样品中，硫含量为 10～20 mg/kg 的样品数量为 257 个，占比为 29.3%；硫含量为 20～100 mg/kg 的样品数量为 407 个，占比为 46.4%；硫含量为 100～1 000 mg/kg 的样品数量为 159 个，占比为 18.0%；硫含量超过 1 000 mg/kg 的样品数量为 55 个，占比为 6.3%（图 10-3）。

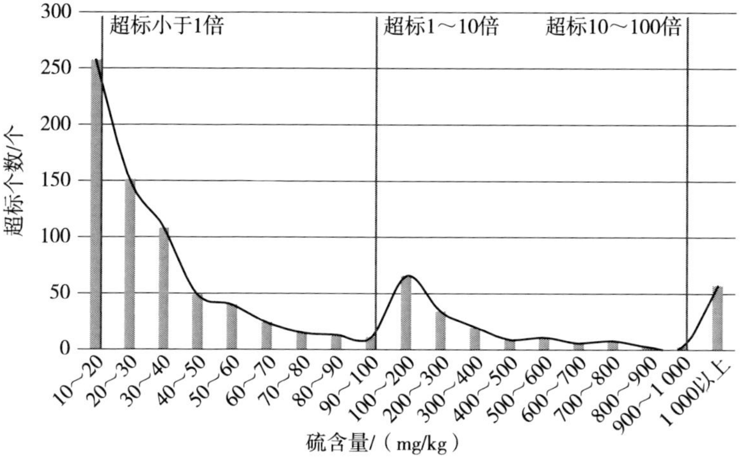

图 10-3 复检超标样品的硫含量分布

（2）黑加油站样品检测情况。

初检检测机构收到黑加油站柴油样品数量为 45 个，完成 45 个样品初检，超标样品的数量为 7 个，超标率为 15.6%，超标样品的硫含量最高值为 1 248 mg/kg，约是标准限值的 125 倍。复检检测机构收到黑加油站柴油样品 45 个，完成 45 个样品复检，超标 7 个，超标率为 15.6%，超标样品的硫含量最高值为 2 665 mg/kg，约是标准限值的 266 倍。

三、2019 年车用柴油清洁油品专项行动情况通报

2019 年 5 月开始，生态环境部会同国家市场监督管理总局、

公安部、商务部，在京津冀及周边“2+26”城市以及秦皇岛、承德、张家口共31个城市258个县区开展清洁车用油品强化监督定点帮扶，采用“查黑—测油—溯源”方式，严查无证无照及证照不全的违法加油站点（以下简称黑加油站点），抽检合规加油站柴油质量（检测硫含量），追溯不合格油品来源。此工作取得明显成效。

1. 部分地区黑加油站点问题突出

重点区域清洁车用油品强化监督定点帮扶共排查发现1 466个黑加油站点。各地按要求已清理取缔905个黑加油站点。此次排查仍然发现561个黑加油站点（固定加油站点428个、流动加油罐车133个）。

此次排查发现的561个黑加油站点呈现以下特点。

（1）黑加油站点区域分布相对集中。561个黑加油站点中，河北省数量最多共329个；山东省为98个；河南省为67个；天津市为28个；北京市为24个；山西省为15个。

（2）黑加油站点无证无照问题较为突出。此次发现的561个黑加油站点中，399个黑加油站点无任何证照，占比达71%，还有133个黑加油站点的危险化学品经营许可证、成品油零售经营许可证、营业执照等证照不全，24个黑加油站点的证照过期，5个黑加油站点的证照名称不符。

（3）黑加油站点隐蔽性、流动性较强。此次排查发现，黑加油站点往往隐藏在居民院、停车场或货运场内。有的设备藏匿于地下，还有的将加油罐车伪装成救援车、洒水车、搬家货车等，其隐蔽性、流动性较强。

2. 合规加油站柴油硫含量超标问题严重

通过对 11 769 个合规加油站进行抽检，共采集 19 552 个柴油样品。经抽检和复检，发现 644 个合规加油站的 873 个柴油样品硫含量超标，超标加油站数量占加油站总数量的 5.5%，不合格样品占抽检样品总数的 4.5%。

对超标加油站不合格柴油油品来源进行初步调查后，发现不合格油品来源涉及 9 个省（直辖市）、41 个城市、194 个企业（个人）。

3. 完善工作机制，确保取得实效

《柴油货车污染治理攻坚战行动计划》印发以来，全国多地开展了专项治理行动，严厉打击黑加油站点和生产、销售不合格油品的行为。那么为何违法生产销售不合格油品的行为屡打不尽、屡禁不止？这主要是因为劣质油品价格远低于合格油品价格，往往能带来高额利润。检查人员发现黑加油站点每升劣质油品比合格油品便宜 1～2 元，部分黑加油站点月收入可达几十万元。

使用劣质油品不仅会严重扰乱市场秩序，还会带来严重的环境污染问题。

目前，生态环境部、国家市场监督管理总局、商务部已联合发函，将超标加油站和不合格柴油油品来源线索向相关地市人民政府发函交办。生态环境部已将黑加油站点问题向所在地市人民政府发函交办，并将黑加油站点相关情况及时函告相关职能部门以指导地方查处。各地已对黑加油站点和油品超标加油站处以罚款 3 610.3 万元，289 个黑加油站点被责令停业整顿，279 个黑加油站点被查封扣押。

据了解，该项工作给合规达标加油站带来了明显的效益。对合规达标加油站的抽调结果显示，2019 年 5—8 月，柴油销售量较 4 月均呈现较大幅度增长，平均增长率为 11.3%。

下一步，生态环境部将充分发挥强化监督定点帮扶工作机制优势，对排查发现的问题拉条挂账，逐一核查地方查处整改情况，保持高压态势，巩固行动成效。对交办问题查处不力、整改不到位、问题出现反弹的地方，纳入中央生态环境保护专项督察，严肃追责问责。

同时，生态环境部将联合公安部、交通运输部、商务部、国家市场监督管理总局等部门，通过持续加大强化监督定点帮扶工作力度，督促指导地方开展好专项行动，完善信息通报、联合调查、联合处罚、联合惩戒等工作机制，确保全国清洁油品行动取得实效。

四、2019 年 11—12 月重点区域车用油品监督帮扶“回头看”工作相关情况

按照生态环境部生态环境执法局的部署，自 2019 年 11 月 7 日起，中国环境科学研究院机动车中心启动了重点区域车用油品监督帮扶“回头看”工作。为核实 2019 年 5 月检查超标加油站整改情况，进一步调查重点城市车用油品质量，此次“回头看”工作重点包括原超标加油站核查、随机选取加油站复查、柴油车和非道路机械油箱油品质量调查三项工作。

截至 2019 年 12 月 20 日，30 个城市车用油品监督帮扶“回头看”工作已经全部完成，共完成 649 个原超标加油站核查、322 个随机加油站复查、809 辆柴油车和 403 台非道路机械油箱油品质量调查工作。现将有关情况汇报如下。

1. 原超标加油站核查情况

共完成 649 个原超标加油站的检查工作，其中 71 个原超标加油站因关停查封、停业装修等原因未采集到样品。在营业的 578 个原超标加油站采集 893 个样品，6 个加油站的 7 个样品硫含量超标，其中包括阳泉市 1 个加油站的 2 个样品，石家庄市 2 个加油站的 2 个样品，唐山市 1 个加油站的 1 个样品，张家口市 1 个加油站的 1 个样品，秦皇岛市 1 个加油站的 1 个样品，

超标样品平均值为 109 mg/kg，最大值为 353 mg/kg。

2. 加油站复查情况

在石家庄市、保定市、唐山市、张家口市、沧州市、邢台市、承德市、秦皇岛市等 8 个城市随机选取 322 个加油站采集柴油样品 436 个进行复查。经检测，4 个加油站的 8 个样品超标，抽检加油站合格率为 98.8%，超标样品硫含量平均值为 41 mg/kg。

3. 柴油车和机械油箱油品质量调查情况

对石家庄市、保定市、唐山市、张家口市、沧州市、邢台市、承德市、秦皇岛市等 8 个城市的柴油车和机械油箱中油品进行抽样检测工作。

共采集 809 个柴油车油箱样品。经检测，超标样品共有 229 个，超标率为 28.3%。超标样品中，硫含量为 100 mg/kg 以下的样品有 68 个，占比为 29.7%；硫含量为 100～1 000 mg/kg 的样品有 78 个，占比为 34.1%；硫含量在 1 000 mg/kg 以上的样品有 83 个，占比为 36.2%。

共采集 403 个机械油箱样品。经检测，超标样品共 91 个，超标率为 22.6%。在超标样品中，硫含量为 100 mg/kg 以下的样品有 31 个，占比为 34.0%；硫含量为 100～1 000 mg/kg 的样品有 33 个，占比为 36.3%；硫含量为 1 000 mg/kg 以上的样品有 27 个，占比为 29.7%。

五、2020 年加油站柴油质量调研工作情况

2020 年 11 月 18 日至 12 月 12 日，中国环境科学研究院机动车中心共出动 15 个工作组（50 余人次），对京津冀及周边地区、汾渭平原地区、苏皖鲁豫交界地区、长江三角洲地区等重点区域共 7 个省、30 个城市柴油样品质量开展深入调研。现将有关情况报告如下。

此次调研对河北省承德市、张家口市、秦皇岛市、沧州市，山西省运城市、临汾市、吕梁市、晋中市，江苏省南京市、苏州市、徐州市、宿迁市、连云港市、镇江市，安徽省淮北市、宿州市、亳州市、马鞍山市、芜湖市，山东省东营市、潍坊市，河南省洛阳市、三门峡市、商丘市、许昌市，陕西省西安市、咸阳市、渭南市、铜川市、宝鸡市等 30 个城市的 3 163 个加油站进行现场调研。共采集 2 708 个柴油样品，发现硫含量超标样品有 55 个，全部来自社会加油站。

从区域来看，本次 4 个重点区域均有超标样品，长江三角洲地区、苏皖鲁豫交界地区、京津冀及周边地区和汾渭平原地区超标率分别为 2.9%、2.8%、2.5% 和 0.7%。

从超标倍数来看，约 26% 的超标加油站超标倍数在 10 倍以上，平均超标倍数为 25 倍，最高超标倍数为 202 倍。硫含

量超标 1 倍以内、超标 1～10 倍、超标 10～50 倍、超标 50～100 倍和超标 100 倍以上的加油站数量占比分别为 36.4%、38.2%、12.7%、3.6% 和 9.1%。

六、2022 年加油站柴油质量调研工作情况

2022 年 8 月 11 日至 30 日，中国环境科学研究院机动车中心受生态环境部生态环境执法局委托，对张家口市、石家庄市、保定市、唐山市、廊坊市等 5 个城市开展加油站柴油样品质量调研。在调研过程中，调研人员抽取加油站的柴油样品，然后将样品送到当地中石化油库质检室进行硫含量检测。

本次调研，工作人员共采集 0# 柴油样品 502 个，全部来自社会加油站，经实验室检测，发现不合格样品有 3 个，样品总体合格率为 99.4%，总体合格率比 2019 年的总体合格率 90.8% 有了较大幅度的提升。